日本になかった超上達システム

合気速習

AIKI

筋力を超えた技ができる
5つの原理

倉部誠
合気柔術逆手道宗師

BAB JAPAN

はじめに

本書は、武道専門誌『月刊秘伝』で２０１５年7月号から始まった全18回の連載「シリーズ　34のステップで修得する　完全攻略！　合気術通信講習」を単行本としてまとめたものです。

合気術は今ではその知名度も上がり、日本だけでなく世界中の武術関係者にその愛好者が広がり、合気術を習得した人の数も増えてきています。

しかし20、30年くらい前までは、主として柔術系の武道を極めたほんの一握りの人たちだけができる、秘技中の秘技でした。たまたまその存在を知った人ができるようになりたくて高名な合気術の達人に入門して、そこで数年あるいは10年修行してもできずに辞めていくケースがほとんどでした。

昔の合気術の達人というのは、どの先生方も判で押したように「合気術は習うのではなく自分で工夫して習得するもの」という考えで凝り固まっていて、弟子はおろか自分の流儀を継がせる子息に対してすら、合気術を習得しやすくなるように工夫し親切に教えようなどと考える人は一人もいなかったのではないでしょうか。

幸いなことに、この20年くらいの間で合気術の知名度が武術関係者を中心に高まってじわじわと普及が進んだ結果、従来とは違って弟子に分かりやすく指導しようと試みる先生の数が増えてきました。

フェイスブックやユーチューブを見れば、教え方に工夫を凝らして、何とかできるようになってもらいたいと一生懸命に指導される先生を見つけることは難しくありません。

私もこの十数年間、「弟子たちにどう説明したら合気術ができるようになってもらえるか」、そのことをずっと考え続けてきました。

その結果の一つが「合気術の原理を解明して、原理で教える」ということでした。原理で教えるということは、原理は普遍的な事実なのでその説明を受けた人は誰でもができるようになるということです。

旅に喩えれば原理は目標地点ですから、そこに到達するための道は何通りもあります。その幾つもある原理を達成するための方法をできる限り沢山開示して、練習する個々人が自分で一番やりやすい方法を見つけて練習すれば、合気術の習得はもはや困難なものではなくなります。

例えば、しばしば合気術の参考書で書かれている「相手と接触した部分を介して自分の体重を相手に移していくと、相手は伝搬されてくるこちらの体重に耐えきれずに崩れていく」という方法の説明があります。これは合気術を既に会得されている人にとってはとても分かりやすい表現なのですが、合気術ができない人にとってはこれを聞いても何をどうしたら良いか皆目見当もつかない方法だと思います。

聞いた相手が理解できてそれを実践できる方法を説明しなければ、私は意味がないと考えます。この本はそうした「読む人が分かってすぐに実践でき、習得できる方法」で合気術を解説することに注力しました。

日本の誇る無形文化財ともいえる合気術のさらなる普及に僅かといえども貢献ができたと信じております。

合気柔術逆手道宗師　倉部 至誠堂

目次

レッスン
Lesson 1

合気術習得のための第一歩

本書を進めるにあたり

私は平成24年（2012）にBABジャパンから『できる！　合気術』というタイトルの本を出版させていただきました。この本を出版することで、私はこれまで自力で開発してきた合気術の新しい指導法を世の中に問いました。「お陰で合気術に開眼できた」というコメントを多くの方からいただいた反面、「相変わらずできない、分からない」というコメントも幾つか頂戴しました。

〝少しでも多くの方々に合気術ができるようになって欲しい〟という強い思いを抱いて、この分野では駆け出しの若輩者であるのも省みずに先の本を執筆いたしましたので、そのようなコメントをいただいて深く反省させられました。〝足りなかったのは何か〟そのことをずっと考え続けてようやくそれが何か分かり、この原稿を書き始めるに至りました。

何かを人に教える際にそれが上手く教えられるかどうかの鍵は、私は二つあると考えます。その一つは、良い手本を見せること。

例えば柔道や空手、柔術の場合には先生が実際に技を掛け、弟子たちはそれを見ることで手本を見ることになります。ところが合気術の場合は〝意識で制御した動きで相手を崩す〟わけですから、先生は弟子たちに手本を見せることができません。合気術の場合では見せることができるのは〝上手くいった結果だけ〟で、技を見せることはできても〝どうやったら上手くできるか、そのノウハウが見せられない、説明できない〟のです。これが従来、合気術を教える上での最大の難点となっていたと私は考えました。

私は合気術を実現するための原理を明らかにすることで、どうすべきかの手本を明らかにすることができたと信じています。その結果が読者の皆さんからいただいた感謝のコメントになったと受け止めています。

もう一つの重要な鍵は、教程を段差のないスムースなものとして、学ぶ人が無理なく容易に先へ進められるようにするということです。

これは例えば公文式数学教室で教えられている方法で、易しいことから少しずつ、少しずつ上の段階へ進めるように教材を工夫するということです。『できる！　合気術』ではそのことに留意したつもりでしたが、やはり不十分でした。それが本を読んでもできない人がいた理由だと受け止めています。今回その二番目の点を十二分に配慮して本書を書きました。本書は既刊の『できる！　合気術』を補うもので、一緒に読んでいただくと最大の効果を期待できます。これで合気術習得への道のりが一気に縮まったことと信じて疑いません。

紙上講習完成への謝辞

本書の推敲にあたり、新陰流兵法・難波誠之先生に心からの感謝を表します。

　本書を書き始めた時に、難波先生からその1年前にいただいたお手紙を思い出しました。それには私の『できる！　合気術』を読まれた感想が書かれていました。内容を要約すると、〝今まであれこれと習って結局習得できなかった合気術をこの本を読んだお陰でできそうな気がしてきました。また研鑽している新陰流の型にも合気術を使わないとできないものがあるという事実に気がつかされました〟というお礼の手紙でした。

著者の合気術通信教育に励む難波誠之師（右）。相手のストレート、フックによるワンツー連打を、ワンのストレートで「バネ板のように迎え受ける」合気によって押し戻す実験稽古。

　この教材を書き始める際に難波先生からいただいたお便りを思い出し、より実用性の高い教材を目指すために難波先生のお力を借りることを思いつきました。つまり、まず難波先生に実験台になっていただいて通信教育で合気術を習得していただけないかと考えたのです。通信教育を実施して、難波先生からその都度受け取るフィードバックを基に内容を直しながら教材の完成度を高めようと考えました。通信教育で教えられるほどの教材が完成できれば、実用性は十分なはずです。

　幸い難波先生からはご快諾をいただき、２０１３年の12月から合気術を通信教育で指導するという新しい試みを始めました。難波先生は武術家として高いレベルに在るのはもちろん、過去、大学時代に部活動で合気道（合気会）をやられ、社会人になった後も鶴山晃瑞（こうずい）先生に、また鶴山先生ご逝去の後では佐川幸義先生の亡くなられた後の佐川道場でお弟子さん方から合気術を習っており、ご本人は〝とうとう合気術はマスターできずに諦めた〟と言われるものの、素養は十分すぎる程にお持ちです。ですから私が作成する教材のドラフトを毎回非常に丹念に、それも十分に掘り下げて理解していただき、それに基づいてご自身のアイデアも随所に加えながら技を実践してもらえました。

毎週練習が終わるたびに詳細にわたるご報告・コメントをいただき、それに基づいて指導方法がより分かりやすく改善されたのはもちろん、武術そのものについて私自身の大きな勉強となりました。もし、この教材（本書）が非常に分かりやすく、実用性が高いという評価をいただけるとしたら、それは偏に難波先生のご協力の賜物です。

ここに心からの感謝を捧げます。

合気術の原理

私は合気術を弟子に教えるにあたり、まず合気術を実現する原理を明らかにし、そしてその原理を実現するさまざまな方法を示します。従来の多くの指導方法では原理ではなく、いきなり方法を、つまり手や腕をどう上げろ、こう下げろと教えるものですから、弟子たちはなかなか合気術を習得できません。手や腕を指導者と同じように動かすだけでは、合気術は実現できないからです。

例を挙げれば、私が最初に気づいた「原理1」というのは、相手がこちらの手首を掴んできた場合、その掴まれた手首に力を入れないようにして掴まれた腕全体を動かせば、相手はどうやって力が作用したか気がつかずに意識が錯乱したままでこちらの腕の動きに逆らえずに腕を動かされ、さらにその腕の動きに引っ張られて体全体が崩されてしまう、そういう原理です。

その原理を実現する方法はそれこそ無数にあります。

例えば腕を体に固定して体全体を動かす、つまりロボットのような動きをするとか、掴まれた腕の手を使って自分の耳を掴もうと腕を上げるとか、腕に大きなボールを乗せたイメージを描いてそのボールを動かそうとする、そのような沢山の方法があります。

私は合気術を誰からも教わらずに自分で習得しました（というよりまだ習得中です）が、多くの合気術の技には幾つかのまったく違ったパターン、つまり〝技の利かせ方〟があることに、原理1を発見した後で気がつきました。そしてそれらを利かせ方によって分類した結果、その基になる幾つかの原理が見えてきました。それまでは教えてもなかなか習得してくれなかった弟子たちが、その原理を教えてやると、見違えるほどに簡単に習得し始めてくれたのです。また原理が明らかになれば、それを従来の柔術の技に応用展開して、新しい技が次々に生み出されます。

　これまで気がついた原理は六つあり、それぞれの主要な違いは、活用する意識と力の割合です。私は合気術というのは〝意識を使って体を動かして相手を崩し、技を掛けるシステム〟と考えています。その際、意識をどの程度強く使うか、逆に言えばどの程度の筋肉を使った物理的な力を必要とするかによって合気術のパターンが異なります。柔術技を基準に取れば、合気柔術の技はその半分程度で十分、合気術の技は1／4から1／50程度で済みます。合気術で要らなくなった力の代わりに使うのが〝意識の力〟に他なりません。単に力を1／10にしただけなら相手は微動すらしないでしょう。

　以下に、それらの原理と使う意識の割合を示します。ここで原理の番号は私が認識した順番に付けられていますが、力と意識の割合順で並べ替えることも目下考慮中です。また原理はここで記しただけに留まらず、私が把握できていない原理も他にあることは間違いありません。

　習得は意識の割合が少ないほど容易ですから、本書では各原理を概ねその順番に従って解説していくことにします。なお、以上の六つの原理は大別して、「動きで掛ける合気術（原理5→原理1→原理3）」、「接触で掛ける合気術（原理2→原理4→原理6）」と二つのグループに分けられ、それぞれ意識を使う度合いが強くなる順でカッコ内に並べてみました。将来的にはこのグループ別の分類方法を採るかもしれません。

原理			力	意識
原理1	無意識動作法	相手が検知できないように力を加えて相手を崩す。	25%	75%
原理2	合気接触法	合気接触状態を創りだし幻覚させて相手を崩す。	10%	90%
原理3	目標設定法	接触部分から離れた目標に力を加えて相手を崩す。	20%	80%
原理4	平衡微調整法	腕や手を動かさず意識の力で相手を崩す。	5%	95%
原理5	波動力法	相手の想定外である波動力を利用して相手を崩す。	35%	65%
原理6	誘導法	(研究中)	2%	98%

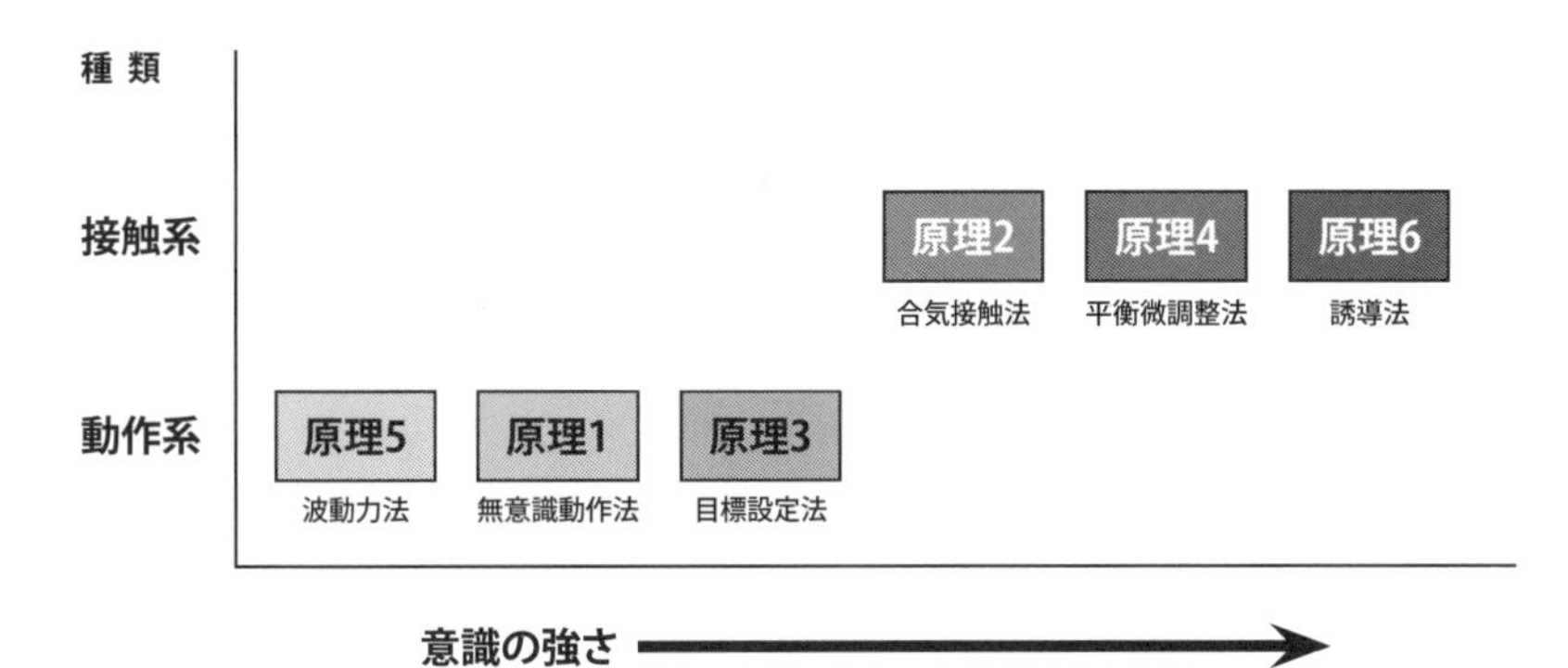

なお、原理6は私自身がまだ研鑽中なので、解説は除きます。次巻の楽しみにしておきます。

Step1 原理1をマスターするための片腕下ろし――1

私が気づいた合気術を実践する六つの原理で、最初は**原理1「無意識動作法：相手が検知できないように力を加えて相手を崩す」**に基づく合気術から練習を始めましょう。

何と言っても、この原理1に基づく合気術が習得は一番容易です。合気術は意識で体の動きを制御して掛けるものですが、力と意識の配分割合が原理によって異なります。原理1では力の割合がかなり多くなり、と申しましても力が1／4、意識が3／4くらいですが、意識を使う部分が少ない分、習得が他の原理を用いる合気術に比べると実現が容易となります。まずはこの原理1を用いる合気術をマスターし、それから順番に段階を追って、より難しい高度な、つまり意識をさらに強く使う合気術を習得していきましょう。

原理1を理解し、マスターするために一番適しているのがこの「片腕下ろし」です。これは技とは言えず、単なるデモンストレーションにすぎませんが、原理1を最初に習得するのに一番適したものであると私は考えています。

掴まれた箇所に力を入れずに腕を動かすには〝腕の自重を利用して落とす〟のが一番簡単な方法であるのは間違いありません。逆に掴まれた腕を上げる技（行為）は、腕を上げるためにはどうしても腕に力を入れてしまうので、それだけ習得が難しくなります。合気術の基本とされる合気上げは腕を上に動かしますので、腕を下げることより難しくなり、合気術を習得するための入り口としては適切ではないと私は考えます。

さて、水平に伸ばした腕を下ろすには二つの方法があります。一つは腕の筋肉を脱力状態として重力に任せて下ろす方法、もう一つは脳から筋肉に指令を送って腕を下ろす動作をさせる方法です。ここではまず二番目の方法について考えてみます。

この場合にもし振り下ろそうとする腕には何も障害物がなかったとしたら、腕は脳からの指令どおりに筋肉を働かせて下へ下ります。もし他の人の腕が下ろそうとする腕の下にあって、腕が下りるのを邪魔していたらどうなるでしょうか。この場合、最初の目的〝腕を下ろす〟ことを実現するために、脳は新しい指令〝邪魔する相手の腕を押し下げて腕を下げる〟を腕の筋肉に発します。つまり指令が二段構えになるのです。

そうなるとまず指令の前半を実現するために上腕二頭筋に大きな力が込められて、こちらの腕を下げまいとして頑張る相手の腕を無理やりに押し下げようとします。当然、相手も同じように抵抗する力を増してきますから、力対力の拮抗状態となって、前半の指令が実現できなくなってスタックし、前提条件がクリアできなくなりますから、後半の指令〝腕を下げる〟も実行不可能となって腕は下がらなくなります。

“邪魔な相手の腕を押し下げてやる！”という意識があれば「力対力」の拮抗状態となって、腕は下げられません（01～02）。

相手の腕を意識せずに、“何気なく”腕を下げると、意外なほど簡単に腕は下がってしまいます（03～04）。

〝意識を使う〟実際

ここで〝意識を使って腕を下げる〟ということが重要となります。どういうふうに意識を使うかと言えば、元々の目的である〝腕を下げる〟という指令だけで腕の筋肉を動かせば良いのです。下げられなかった原因は〝邪魔する相手の腕を押し下げて〟という余計な前提指令が加えられたために、相手と自分との力の衝突状態に陥ってしまったからなのです。意識の力を強く働かせて、邪魔する相手の腕がそこに存在しないように自分に言い聞かせて素直に、別の言葉で言えば何気なく腕を下ろせば良いのです。

そうすると相手には、自らの腕を無理やり下げようとする力が感知できなくなり、こちらの腕と相手の腕とが一体化した状態に陥って、下げまいとして頑張っていたはずなのにいつの間にか一緒に下げられてしまうのです。

その方法をもっと具体的に説明すれば、こちらの腕と相手の腕とが接触する部分に力が集中しないようにして腕を下げれば良いのです。邪魔する相手の腕を押し下げようとすれば接触する部分に力を集中させますから、それを感知した相手はそこに逆の〝上に持ち上げる力〟を集中させて妨害します。ですからそれをせずに腕を下げれば良いというわけです。

どのように〝実感〟するか

ではいったいどうやったらそのようなことが実現できるのでしょうか。それをこれから具体的な方法でさらにご説明していきます。なお同じように邪魔する腕があって、それを一番目の〝脱力して重力を利用して腕を下ろす〟方法も後ほど解説いたします。このほうが難易度は遥かに高くなります。

相手の腕と接触しているこちらの右手首に力を入れずに右腕を下ろすなど、〝言うは易く行うは難し〟です。これがすぐにできる人は合気術の天賦の才能がある人だけで、普通の人にはそう簡単にはできません。従来の指導法ですと先生が何の説明もなしにこれをやって見せ、次に弟子たちにやらせますが弟子たちは当然できません。そこで先生は弟子たちにどうしたらできるようになれるのかという〝肝心なことは一切教えず〟に、「お前たちができないのは修行が足りんからだ。もっと修行を積め」と言って突き放します。これでは何年掛けても弟子たちが合気術をなかなか習得できないのも当たり前です。

それではどうやったら手首に力を入れずに右腕を下ろせるか、考えてみましょう。原理を明らかにしたお陰でどうすれば良いかが既に見えているので、その実現はもはやさほど難しいことではありません。要するに〝接触している箇所に力を加えずに腕を下ろせば良い〟のです。

第三者による補助

（1）自分で右腕を動かす代わりに、第三者に頼んで右手の先を持って右腕を下げてもらう。

（2）そうすると相手の腕と接触しているこちらの右手首に力が入らずに右腕が下がるため、相手はどこから力が加えられたか分からず、したがって右腕の下がる運動に抵抗できずにまっすぐに伸ばした自分の右腕を下げられてしまう。つまり原理1が実現できたことになる。

この実験で、相手の腕と接触している部分、つまり自分の右手首に力を加えずに右腕を下げることができれば、相手はその動きに抵抗できずに右腕を下げられてしまうことが実感できました。その際、本当に大した力が加えられていないにもかかわらず、精一杯踏ん張っている相手の右腕が簡単に下げられてしまうことを、自分の右腕を通して感じることができたはずです。

この自分の体で合気術を実感するということが非常に大切なのです。誰でもすぐにかつ容易に実現できるこの方法で合気術がたちどころに実感できる、これでもう合気術という目標へ一気に1／3近づけたようなものです。

なお、この方法が上手くいかない場合も想定できます。その理由の一つは「受けの抵抗する力が強すぎる」場合で、筋肉マンを相手に選んでしまった故の失敗です（笑）。その場合の対処法ですが、要は第三者の押し下げる力が作用する位置（この場合、手の先ですが）を、受けと接触する位置から離せば良いのです。力の作用点と腕同士の接触点とが近すぎると、受けは加えられてくる力を検知しやすくなり、抵抗しやすくなります。第三者が捕りの手を握る位置を変えることはできませんから、受けの腕に接触している捕りの腕の位置を手首から肘のほうへずらせて手から遠ざけてやれば、第三者が力を加える点（手の先）と、それが相手に伝わる腕同士の接触点との間隔が開き、受けは加えられる力を検知しにくくなり、捕りが腕を押し下げるのが容易となります。これで押し下げるのがずいぶんと容易になるはずです。

なお、初めは筋肉マンでない普通の人を相手に選ぶ

第三者の補助で“合気の原理”を体感

第三者に腕を押し下げてもらうことで、力を入れず、意識もせずに腕は下がります。

相手の力が強く、上手くいかない時には、接触点をズラしてみることで梃子の作用も働き、さらに楽に下げられます。

のがベストで、筋肉マンの相手しか見つからない場合には受けの抵抗する力を半分から始めて、徐々に強くしていくことも効果的な方法です。

　この第三者による補助法ですが、自分の腕には一切力を入れずに他人の力で自分の腕を押し下げてもらうので、接触点には一切余計な力は加わりません。したがってこの際の自分の腕の動きを感覚として十二分に把握し、それを到達すべき基準と定めて、以降の練習を続けるのが良いでしょう。■

レッスン
Lesson2

腕下げで、原理1「無意識動作法」を習得

初めの一歩に最適な〝腕下げ〟

前レッスンと本レッスンでご紹介している〝腕下げ〟ですが、合気術を習得するために試みる最初の課題として、これが一番適切な練習と私は考えます。こちらの腕を相手の腕にただ載せるだけで、それを重力の方向へ下ろすのですから、「接触している部分に余計な力を入れずに腕を下げる」という基本的な動作が、この練習方法では比較的容易に達成できるからです。

この〝腕下げ〟は武術家に限らず幅広いジャンルの人たちが従来から〝パフォーマンス〟として実演しています。そしてそれぞれがそのやり方を、〝特殊な御呪い(おまじない)を唱えるとできる〟とか〝相手に特別の方法で暗示をかけるとできる〟というように面白おかしく解説しています。しかし、それをその通りに実行しても絶対にできないはずです。

2012年に私が翻訳した米国人の空手家が書いた本『三戦（サンチン）の「なぜ？」』でも、この腕下げを行うノウハウが「相手の腹の上に〝Z〟の字を指で描くとできる」と説明されています。しかし読者の皆様が友人や家人を相手にその通りにやっても決してできないはずです。

おそらくこのパフォーマンスをやる人は、どうして自分たちがそれをできるのか理由が分からないまま偶然にできるようになったのでしょう。あるいは、もしその理由が分かっていても種明かしをしたくないのかもしれません。

この〝腕下げ〟パフォーマンスは「原理1」を使えば誰でもすぐにできるようになります。そしてそれができれば、もう合気術の世界への入り口を通過できたことになるのです。

帰納法的合気術指導法

さて、前レッスンでは第三者の力を借りて相手の腕を下ろすことで原理1が実現できました。自分の腕には僅かの力しか加えられていないのに、力を込めて下ろされまいと頑張る受けの腕が簡単に下がってしまうことを体験されて、皆さんはさぞ驚かれたことと存じます。

ここで第三者の助けを借りたのは、手っ取り早く最初から合気術の効果を自ら体験していただき、最初に到達すべき目標を明確にして後の練習を容易とするためです。第三者の手助けはあくまでも数あるステップの第一歩にすぎません。

誰もが高校生の時に習った数学的帰納法と同じ方法です。ですから私の指導法は、最初から到達すべき目標を示すという意味で「帰納法的合気術指導法」と称すべきでしょう。この方法によれば、目標が分からずに闇雲に進む練習と比べると、習得が遥かに容易となるはずだと自負しております。

では、本レッスンではもう一段階進みましょう。今度は第三者の助けなしに自力でこの〝腕下げ〟を実現します。

Step 2 原理1をマスターするための片腕下ろし――❷

（1）受けの右腕の上に載せた自分の右腕の上に自分の左手を載せる。

（2）右腕は動かさずに、左手で右腕を押し下げる。すると受けは抵抗できずに右腕を押し下げられてしまう。つまり「原理1」が実現できる。

どうでしょうか、上手くいきましたか。おそらく皆さんのほとんどがこの方法で受けの腕を下ろすことができたと思います。

しかしステップ1での場合と比べると、ステップ1ではほとんど力らしい力が自分の腕には加わらずに受けの腕を下げられたのに、今回の場合では多少の抵抗

――“原理1”を体感する重ね片腕下ろし――

01

02

を感じたはずです。

それは、ステップ1では第三者の力に任せきりにして自分の腕には一切力が作用しないのに比べ、今回の方法ではどうしても意識が接点に行って、そこに力が多少なりとも入ってしまうからです。ここでは、自分の空いている腕と手を使って、載せてある腕には力ができる限り掛からないように腕を押し下げる訓練をしてください。

繰り返しているうちに、載せてある腕には力を入れずに、空いている腕と手の力だけで腕を押し下げられるようになります。つまり段々とステップ1で経験した腕の感覚に近づいてくるはずです。

練習を容易とするために、利き腕を相手の腕に乗せる腕ではなく、載せた腕を押し下げるほうにすると良いでしょう（その理由は各自で考えてください）。

さて、この自分の空いているほうの腕と手を使う方法が上手くいけば、これでもう目標へは半ばまで近づけたことになります。

なお、この方法が上手くいかない場合もあります。それは前述の場合と同じで、受けに力の強すぎる人を選んでしまった場合です。

この場合も先のケースと同様に、最初は受けに抵抗する力を加減してもらうことが有効です。できるようになれば抵抗する力を段階的に強くしてもらえば良いのです。

ただしこれまでの実験では、自分の体で合気術の効果を実感できたものの、意識で体（腕）を動かせたわけではありません。あくまでも右腕を下げる動きを合気術で下げたのと同じ動きで実現することができたにすぎません。

次のステップではいよいよこの「右腕を下ろす動き」を意識でコントロールする、本当の合気術の世界へと入りましょう。

Step3 原理1をマスターするための片腕下ろし——3

さあいよいよ意識で腕を動かす、本当の合気術をやってみましょう。

1. シンクロ（動きの同期）法

（1）水平に伸ばした受けの右腕の上にこちらの右腕を載せるのは同じだが、こちらの左腕を右腕より高い所にセットする。

（2）右腕はそのままにして、左腕をゆっくりと下へ下ろす。下ろしきったら今度はゆっくりと上に上げる。

（3）最初の高さへ戻ったら、再度この上下動を繰り返す。

（4）何回かこの動作を繰り返した後、左腕を下ろす際にその動きに同期させて右腕も下ろす。この際、意識は上下動させている左腕に集中しているので、右腕を下ろす動作には力(りき)んだ力が加わらず、ただ腕全体を下ろす動作をするだけとなる。

結局これが相手の腕との接触点に力を加えずに、何気なく右腕を下ろす動作となるのです。

したがって受けはその動きに抵抗できず、大した力が作用しているわけではないのに簡単に右腕を下げられてしまいます。

これは本当の意味で意識によって腕を下げたことにはなりません。「意識を左腕の動きに集中させることで右腕の手首に力が加わらないようにして右腕を下げた」、そういうことなのです。

本当は意識を右腕に働かせて、同じ動きを右腕にさせるようにしなければいけません。しかし何はともあれ、意識を活用して腕を動かしたことは間違いないので、これで目標に2／3まで近づいたことになります。

なお、米国インディアナポリス支部のアンドリューからのコメントですが、このシンクロ法を実施する際には、受けに目を瞑(つむ)ってもらうと成功率が目立って高くなると報告してきました。ぜひ試してみてください。

また、それが有効であったならば、その理由も考えてみてください。

シンクロ（動きの同期）法の実践

――第三者の腕の動きにシンクロさせる方法――

01 ～ 03 まず、視覚情報を元に、頭の中でイメージを記憶させせます。
04 タイミングを合わせて、脳内のイメージに合わせるように自らの腕を起動させせます。
05 そのままイメージの動きに沿わせるように腕を下げます。
腕を載せている相手の抵抗は意識に上らせません。ステップ 1、ステップ 2 の時のように、自らの意志とは関係なく、腕を起動させ、動きを完結させることが成功の鍵となります。

では、次にもう一段階進んだ方法をやってみましょう。

2. 第三者の腕の動きにシンクロさせる方法

（1）自分の正面に立った第三者に腕を上下してもらい、その動きに合わせて自分の右腕を下ろす。受けに目を閉じてもらうと容易となるのは前項と同じ。

（2）右頁写真04のタイミングで相手の動きに同期させる。すると、腕は簡単に下りる。これは自分の左腕の動きにシンクロさせるよりも、少し強い意識を必要とする。

3. 意識による高度なシンクロ法

（1）水平に伸ばした受けの右腕の上にこちらの右腕を載せる。左腕はステップ1と同様に下げたままにする。

（2）右腕はそのままにして、あくまでも頭の中の想像だけの世界で、左腕を上げ、ゆっくりと下へ

より高度なシンクロ法

ステップ3-2が成功したら、今度はイメージの世界で左腕を上下させ、そのイメージ上の腕の動きに右腕をシンクロさせます。

下ろす。下ろしきったら今度はゆっくりと上に上げる。

（3）最初の高さへ戻ったら、再度この上下動を繰り返す。左腕はずっと静止したままで、上下動はあくまでも頭の中だけのイメージで行う。

（4）何回かこの動作を繰り返した後、左腕を下ろす際にその動きに同期させて右腕も下ろす。

この際、意識は上下動させている（イメージの中の）左腕に集中しているので、右腕を下ろす動作には力んだ力が加わらず、ただ腕全体を下へ下ろす動作をするだけとなります。結局これが相手の腕との接触点に力を加えずに、何気なく右腕を下へ下ろす動作となるのです。

したがって受けはその動きに抵抗できず、大した力が作用しているわけではないのに、簡単に右腕を下げられてしまいます。

この方法では意識はイメージの世界だけで左腕を動かすのに使われ、その強さは1のシンクロ法とは比べようもなく強くなっています。また実際に左腕を動かさないので、意識の力は右腕にも作用します。

この方法で右腕を押し下げることができたなら、「右手首に力を加えないように意識で制御して右腕を押し下げる」という究極の目標がほぼ到達できたことになります。

後は何度も繰り返して練習することにより、シンクロ法を使わずともいきなり右腕を意識で押し下げられるようになります。

それで目標は完全にクリアできました。

原理1をマスターするための片腕下ろし――4

前段のステップ3で既に合気術が実現できましたので、今回はさらにステップアップしましょう。前回との違いはこちらの右手首が受けの左手で掴まれているために、右腕を動かす際には前回のただ単に上に載せた場合と比べると、どうしてもこちらの右腕に力が入

掴まれた片腕を下ろす

第三者の助けを借りる方法

自らの腕同士を使う方法

りやすくなってしまう点です。

（1）こちらの上げた右腕の手首を受けが左手で掴む。

（2）掴まれた右腕を力任せに押し下げようとすると受けにブロックされて押し下げられない。

（3）原理1を使い、掴まれた右手首に力を加えずに右腕全体を下げれば、受けは抵抗できず、大した力を加えていないにもかかわらず押し下げられてしまう。

なお、前頁の写真に示すように両足を半歩下げて相手との距離を開けると、立てた腕の角度が寝てきます（水平に近くなる）。こうすると、握られた手首には力を入れずに右腕を下げることが容易となります。十分に慣れないうちは、この「腕をなるべく寝かせたポジション」で練習してください（どうしてそうするとやりやすくなるのか、皆さんご自分で考えてみてください）。

ステップ2で既に要領が分かっているので、これをそのままできる人もいるでしょうが、一方ではできない人も沢山いると思います。

できない人はステップ1を思いだしてできる工夫をしてください。第三者に助けてもらう方法、自分の空いている左手を使う方法、そしてシンクロ法です。最初に第三者の力を借りる方法を試みましょう。

次に自分の空いている左手を使う方法でもやってみましょう。なお、シンクロ法は次回のステップ5で解説いたします。■

レッスン
Lesson3

原理1 「無意識動作法」を実際の技へ適用①

通信教育と合気術の相性

私は2010年から通信教育で柔術を教えています。定年後に本格的に始める計画の通信教育のため、そのノウハウを蓄積するために始めたものです。本当にやる気のある人たちだけ、さらに従来の経験がさまざまに分かれるように対象を特定して、インドネシア、日本、イタリアそして米国にできた支部の人たちを、無料で指導してきました。

その後、柔術を期待通りに習得してくれる人たちが出始めて、通信教育での指導にも自信が持てるようになった2013年から、合気術の通信教育も試験的に始めました。

普通に道場へ通って、手に手を取って教えてもらっても習得が難しい合気術です。通信教育による指導は柔術に比べて遥かに難しかろうと覚悟をして始めましたが、実際には合気術のほうが柔術と比べると通信教育での指導は遥かに容易であることに気がつきました。今では日本と米国で6人の弟子たちを教えています。

柔術の場合は手や腕などの体の動かし方、手や腕の当て方、添え方、力を加える場所や方向など、全てが正確に実行されないと正しい技ができず、本来の効果が得られません。

弟子たちは自分たちが演じた型をフェイスブック経由でその都度ビデオに撮って送ってきます。それを私が見て、上手くやっているかどうかを判定して、駄目な場合はその個所を指摘してやり直させます。もちろん、不鮮明な画像や逆側から撮影されて肝心の箇所が写っていないビデオでは正しい判定ができず、撮り直しを指示する場合もあります。

柔術の場合には型を演じる当人は自分が正しくできているものと信じてビデオを送ってくるのですが、その大半が駄目で、ビデオを詳細に見て全て上手くいっているかどうか私のほうで注意深く判断しなければいけません。一方、合気術では上手く行えたかどうかは演じた本人が一番適切に判定できます。

ですから弟子は型を演じたビデオを私に見せる必要がありません。私への報告は〝上手くできた〟か〝駄目だった〟で、駄目な場合はどのように駄目だったかをメールで報告するだけで十分です。その報告に応じて私はできるようにするためのアドバイスを与えます。

指導するために使う教材（テキスト）が懇切丁寧に書かれていれば、弟子たちはそれを読んだだけでできるようになるので、教材の完成度を上げれば指導する手間暇も省けます。合気術は通信教育で指導するのに、正にうってつけの武術なのです。

Step5 原理1をマスターするための片腕下ろし――5

前回の復習として、掴まれた片腕を下ろすシンクロ法を試みます。

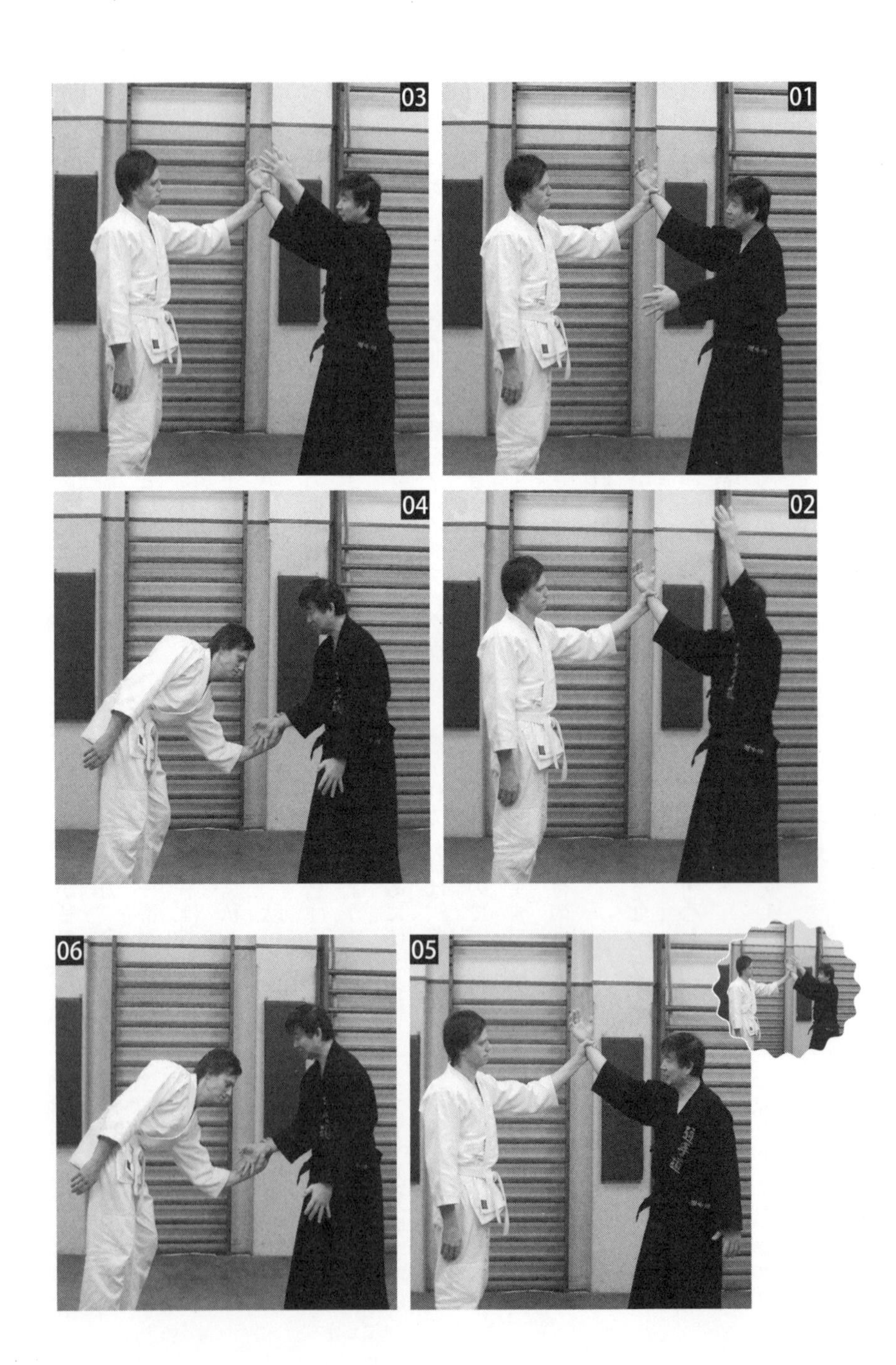
03
01
04
02
06
05

1. シンクロ（動きの同期）法（写真01〜04）

シンクロ法の復習。右頁写真03で右腕を左腕にシンクロさせて下げる。

2. 高度なシンクロ法（写真05〜06）

次は、ご存知の高度なシンクロ法。もう、やり方は皆さん分かるはず。自由な左腕を頭の中のイメージで上下に動かし、ここぞと思うタイミングで掴まえられた右腕をイメージで動かしている左腕の動きに合わせて下ろす。

ステップ5までがクリアできれば、もう原理1は基礎が習得できたことになります。次のステップではそれを実際の技へ応用することを試してみましょう。

Step6 原理1を実際の技で試そう――1

小手引き投げ 小手不動
（受(うけ)、捕(とり)　共に正立、正対）

受：右手で捕りの左襟を掴む（35頁写真01）。
捕：右手ですばやく受けの顔面に霞み掛け（02）。
受：打たれた顔面（目）を左手で覆う。
捕：出された受の左手掌を右手で掴み、その掴んだ右手に力を加えず右腕全体を下へ落とす（03〜04）。
受：掴まれた左手がロック状態となり、抵抗できずに自身の左手に先導されながら真下へ倒れる（05〜06）。

▼「小手引き投げ」解説

逆手道に元々伝わっていた唯一の合気術を使う技です。この技のお陰で私は合気術に開眼できました。

合気術に開眼する以前から私はこの技はできていま

したが、弟子たちに教えることが困難でした。腕の張り方、手の下げ方など、自分の分かる限り丁寧に説明しますが、弟子たちはなかなかできるようになりません。ところが、これが原理1を使う合気術だと気づいてからは、その適切な教え方が自分でも分かり、弟子たちはすぐにこの技が使えるようになりました。

合気術は自分ではできても、どうしてそれができるのかまで、きちんと分かっていないと弟子たちに指導することはできない、その重要なことに気がつかされた次第です。

さて、この技の練習方法ですが、最初は相手の小手を逆手で握ったところから、小手を引いて相手を下に崩す練習から始めましょう。

その際に注意するのは、次の点です。

(1) 相手の背がこちらよりも高い場合は、あくまでもこちらの肩の高さに合わせて小手を取る。掴んだ手の位置がこちらの肩より高くなると、どうしても握った手に力が入りやすくなってしまう。

(2) 相手の小手を握る側と同じ側の足の位置に注意。相手の左手を握る場合に、相手の左足の位置が右足よりも前に出ていると、相手の肘が腰に当たり、投げる際のブロックとなる。既に崩れ始めてから左足が前に出るのはまったく問題がないが、崩れる前に左足が前に出ていない、つまり両足が揃っているか、右足のほうが前に出ている（このほうがやりやすい）状態で、腕を下ろすようにする。

なお、慣れてくれば（1）と（2）に関係なくできるようになります。

この練習で、相手の小手を逆手で握った瞬間、こちらも（そして相手も）技が利く場合には直感で感じ取れるから不思議です。つまり余計な力が掴んだ手に入っているか、それとも入っていないかが、握った時の状態でお互いに分かるのです。

それから、慣れてくると相手も賢くなって技が掛か

小手引き投げ 小手不動

01 相手が右手で左襟を掴んできます。

02 直ちに霞掛けをし、相手は左手で目を防御します。

03 そのまま霞掛けが掛かっても、相手は目を覆うため左手を上げるので、その左手を掴みます。

04 逆手で軽く掴んだまま、手に力を入れずに腕を下ろします。

05 相手は抵抗できずに引き落とされます。

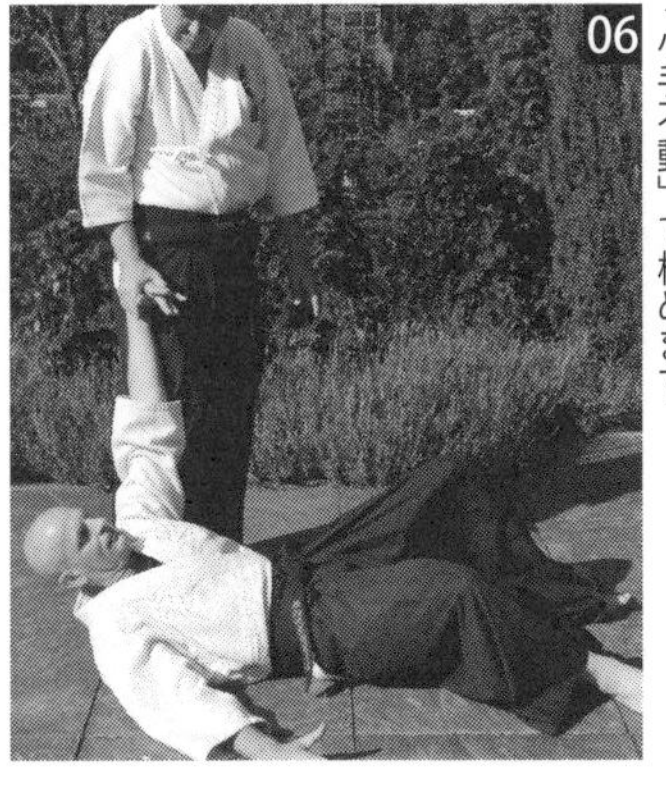

06 「小手不動」で極めます。

りにくくなる工夫をしてきます。きちんとやろうとすることよりも、妨害するほうが簡単なのは世の中の仕組みと同じです（笑）。この場合も妨害する工夫のほうが簡単にできて、技を掛けようとするほうを悩ませます。

この小手引き投げで一番厄介な妨害は、相手が手と腕を自分の体に密着させて一体化することです。こうされると、手を動かすのではなく、相手の体全体をいきなり動かすことになり、原理1が利かなくなります（その理由が分からない人は原理1の説明を前に戻って読み直してください）。

そのような場合にはこちらの体ごと握った手を引いて、その手を相手の体から無理やりに引き離す前動作をするのが効果的です。

なお、もっと先へ進んだ際の話になりますが、相手が熟達者の場合、腕と手を物理的に体から離していても、意識を使って腕を体と一体化することができるようになります。こうなると少々厄介ですが、それへの対処法は先に進んだ段階でご説明します。

技の中で、いかに力まないか

この技で難しいのは、右腕を下げる際についつい掴んだ右手に力が入ってしまうことです。

どうしてもできない場合は第三者に頼んでこちらの右腕を押し下げてもらうことで実現できますし、自分の空いている左手で右腕を押し下げることでも実現できます。

ここでは空いている左手（腕）を使う方法を示します。またもう一つの方法として、相手の手を掴んで下ろす際に、こちらの体を早めに右へ開くと腕に余計な力がかからずに腕を下ろす助けとなります。普通は体を開くのは相手を投げるスペースを空けるためなのですが、この場合はこちらの体を早めに開くことで、無意識に腕を下ろす動作の補助とします。ただし、これはあくまでも補助動作なので、最終的には腕を下ろす動作だけで相手を崩せるようにしてください。

なお、この技の場合、相手の左手をこちらの右手で掴む、その掴み方も重要なノウハウとなります。

01 ～ 02 相手の手を取った右手が、どうしても上手く下げられない場合、空いている自分の左手で右腕を押し下げるようにすることで、大した力を出さずとも相手は抵抗できずに引き落とされてしまいます。

03 ～ 05 また、もう一つの方法として、掴んだ手には力を入れず、右足を一歩引いて、体を早めに開く（この場合右側へ向かって開いている）ようにします。すると、掴んだ右手に力が掛からずに相手を引き落とせるので、原理 1 が容易に実現できます。

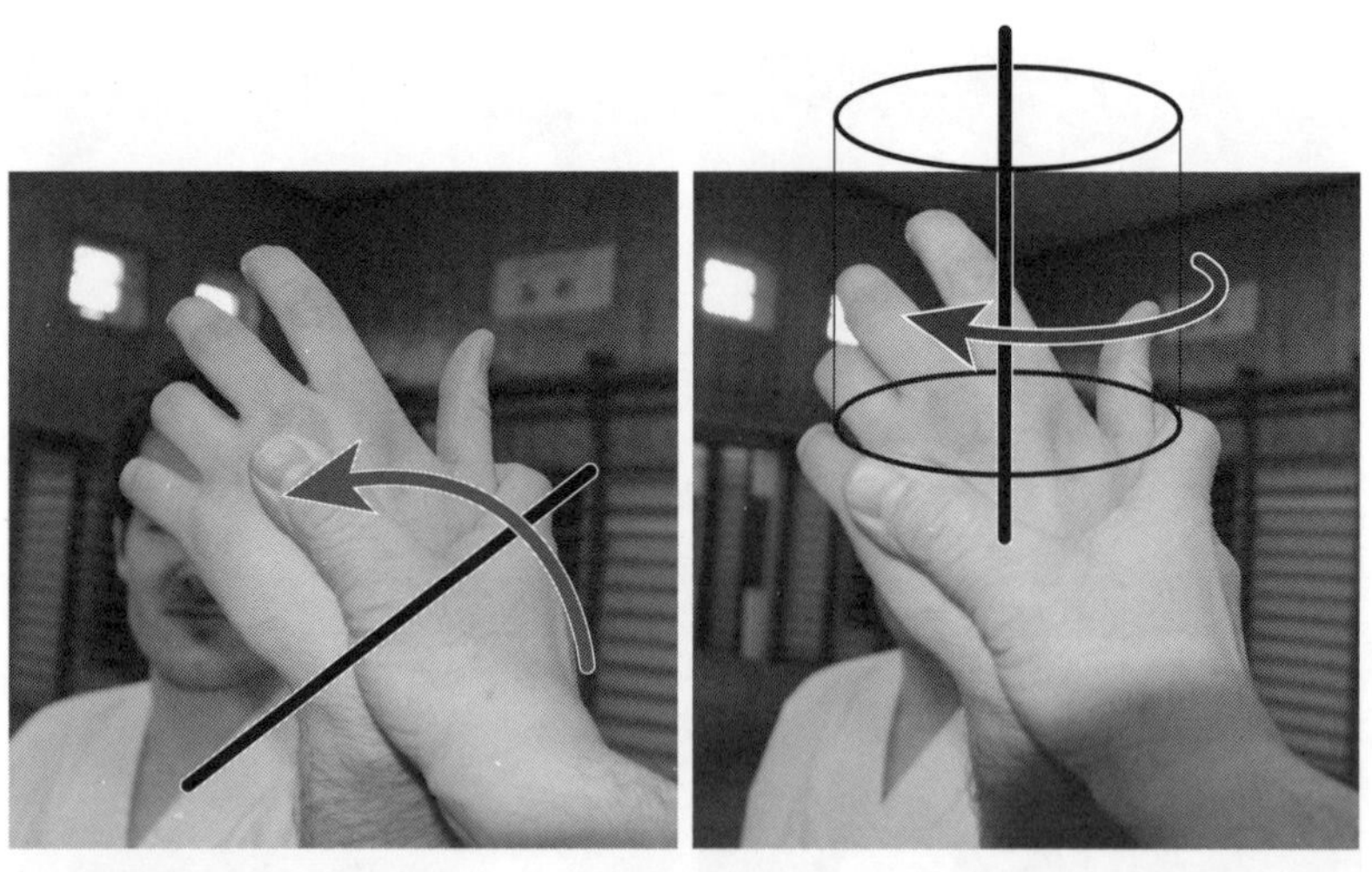

右は小手返し投げにおける相手の手の握り方。腕の中心線を軸として円柱を回す（捻る）ようにします。左は小手引き投げの握り方。手首に軸線をとって内側へ折るように押します。

決して力を込めて握ってはいけません。特に人差し指には力を入れないように気をつけて受の左手を柔らかく包むようにして握ります。

また親指の位置も重要で、掴んだ相手の手掌の薬指と中指の付け根辺りを押さえます。

小手返しを掛ける際の握り方に似ていますが、小手返しの握り方と異なるのは、小手返しが親指は小指と薬指の付け根の間に置くのに対して、小手引き投げでは親指の先は薬指と中指の付け根の間へと、内側に寄せます。

これは、小手返しが相手の小手を腕の中心線に対して回す（捻る）のに対して、小手引きは相手の小手を腕の中心線（内側）へ折るからです。

この握り方は小手引きで逆手を使う全ての技に共通となりますから、きちんとした握り方ができるまで練習します。自分の右手で左手を握ること（あるいはその逆）で練習できますから、暇な時にはいつでも練習できます。

余談：日本武術の心

3年前のことですが、逆手道の通信教育会員たちに「武術とスポーツの違い、さらには日本武術と他国にある格闘技との違いがあるとすれば、何だと考えますか？」という質問を発したところ、2014年に創設されたばかりの、米国の逆手道インディアナポリス支部のアンドリュー支部長が、大変興味深い返答をしました。

彼は日本人の先生から居合道を習っていて、自らもそれを弟子たちに教えている日本武術に大変造詣が深い人です。

「武術は人を殺す技術を習得することで、武器としての怖さを自覚し、その技術を真剣に鍛錬することで相手を傷つけなくとも済む包容力と忍耐力、そして他人を敬愛する心を育てるものです」

それが彼の答えでした。真剣（日本刀）に毎日身近に接している、彼らしい解釈に感服いたしました。

日本の武術が世界に数ある他の格闘技と明確に異なる重要なポイント、〝人を殺す技術を磨くことで人を活かす精神を培う〟というその理念を、彼が見事に理解しているのを知ることができたからです。この理念をさらに発展させた武術こそが、植芝先生の興された本来の合気道なのでしょう。

これと似たこと、つまり同じ素材であっても、使う目的が異なればまったく別の結果（効果）が生まれる、ということに最近まったく違うことで気がつかされました。

ポーランドのワルシャワには戦争にまつわる博物館が幾つもありますが、その中でもナチス占領時にレジスタンス活動をして掴まえられたポーランド人たちを収容した建物、パビアック収容所を記念した博物館を訪れた時のことです。

元々は同じ目的でロシアが立てた建物で、200人収容する規模の建物にナチス時代にはその十倍を超える人たちが入れられ、尋問（拷問）を受けて最後は郊外の森へ搬送されて銃殺されました。その犠牲者の一人、カミラさんは、夫と彼女の友人の女性の三人で美

博物館に展示された日本人形「タイカ・キワ」。カミラさんが当時どのような思いでこの人形を製作していたのかを想うと、涙が止まりませんでした。

バビアック収容所内にて、実際に拷問が行われた部屋。

容院を経営していましたが、その友人の密告で夫と共にゲシュタポにつかまって、このパビアック収容所へ入れられました。

彼女はオペラ蝶々夫人が大好きで、当時欧州に住んで活動していた日本人オペラ歌手の喜波貞子の演じる蝶々夫人の大ファンでした。自分の死が近いことを予感したカミラさんは、死への恐怖を紛らわすため、自分のイメージにある喜波貞子を日本人形にすることを考え、看守でレジスタンスの仲間であった一人に頼んで内密に材料を手に入れてもらい、収容所の中でこの人形を作成して「テイコ・キワ」と名づけました。自分が死んだ後も人形が残るようにと、カミラさんはそのレジスタンスの仲間だった看守に頼んで人形を収容所の外へ持ち出してもらいます。

カミラさんは結局銃殺されてしまいますが、人形を受け取った人はこの人形をポーランド人が発音しやすいようにと名前を「タイカ・キワ」と変えて大切に保管し、パビアック博物館ができた際に寄贈しました。

この実話は「ワルシャワを見つめた日本人形タイカ・

キワの45年」と題されたドキュメンタリー番組で1984年にテレビ西日本で放映され、私も当時日本で見ました。

その博物館を見学し終えて、ふと気がついたことがあります。この博物館に限らずワルシャワ蜂起博物館でも同じですが、当時ナチス・ドイツが行った非人道的で残虐非道な所業が沢山公開されています。それを見た人は当時のナチス・ドイツが行った行為に対して怒っても、その怒りが憎悪となって今のドイツ人たちに向かいはしません。

今のドイツ人を憎悪しても何にもならず、憎しみの連鎖を生むだけです。見学者は皆一様に犠牲となった人たちへの深い同情を覚え、同じことを絶対に繰り返させないことを犠牲者に誓うのです。そして、その誓いを実現するためにはどうすべきかを、各人にじっくりと考えさせる機会を提供します。

つまり民意を反映しない独裁主義がこうした非人道的な行為を引き起こす原因となるので、そうならないようにするには一人ひとりがどうすべきかを考えさせるきっかけを作ってくれるのです。

翻って今の中国はどうでしょう。共産党独裁政権の下、嘗て（かつて）の日本軍が彼らにしたのと同じことを内モンゴル、ウイグル、チベット自治区（自治などまったくない植民地です）で今行っています。そのことを国民が知ることを許さずに、博物館では過去に自分たちが蒙った（こうむった）被害をとんでもないほど誇張し、それを見学する人たちに今の日本人への憎悪として植え付けています。その憎悪の念を増長させることで自分たちの独裁政治が少しでも長く保てるように利用しているのです。

戦争の時に起きた悲惨な出来事を、それが二度と繰り返さないようにする目的で展示する国もあれば、その根本原因である独裁制を維持するために悪用する国もある、一番苦しんでいるのはそうした国で暮らさざるを得ない人たちでしょう。■

原理1 「無意識動作法」を実際の技へ適用②

合気術と筋力増強

以前、合気術を学んでいた人が書いた記事で、次のような文章がありました。

「先生が病気で長期入院することになり練習できなくなったので、先生が不在の間に弟子同士でずっと筋肉トレーニングをしていた。先生がようやく回復して道場へ出られるようになったので稽古をつけてもらったところ、以前は掛かっていた合気術が掛からなくなってしまった。どうやら自分たちが筋トレで筋力を付けすぎたため（効果）と思われる」

確かそのような内容でした。

合気術が効く人と効かない人がいる、というのは合気術をやられている多くの人たちがよく言われることで、私自身も常日頃それを痛感しております。

効かない相手というのは大体一目で分かり、見るからに鋼(はがね)のような筋肉が盛り上がっているタイプ、体格が良くて体重が重く、立った姿勢が足から頭のてっぺんにまで鋼の芯が通っているようなタイプです。

どうしてそのようなタイプには合気術が効き難いのかと不思議で仕方がありませんでした。

ある時、よく整備されたオランダの高速道路をメルセデスで走っていた時にふと考えたことがあります。

以前、家内専用にスズキのアルトを所有していたことがあり、欧州専用タイプなので排気量が800ccありましたが、それでも高速道路を時速100キロで走り続けるのはヒイヒイと喘ぎながら走るような苦しさを感じます。一方、排気量2400ccのメルセデスを運転して同じ時速で走ると、製造からもう20年近く経っている大古車といえども、まるで余裕で口笛を吹きながら散歩するようなものです。

つまり同じ毎時100キロで走るのでも、本来出せる最高速度に比べてそれがどのレベルにあるかで、気持ちの持ちようがまったく違ってくるのです。合気術は精神の作用で効かせるものですから、自分の精神状態の良し悪しが直ちに技の効き具合に現れる、そういうことではないだろうかと考えました。

以上は一つの仮定ですが、それをさらに以下のように展開させました。

合気術に必要とされる僅(わず)かな力とは、術を施す側の全力に対して小さな力なのではなく、術を掛けられる側にとって彼が耐えられる限度に対する小さな力ではないのか？と。

つまり合気術を掛けるのに要する力の大きさは絶対値では決まらずに、相手次第で大きくも小さくもなる〝相対的な強さ〟なのではないか、ということです。

喩(たと)えで言えば、普通の人とプロレスラーとに手首を握られて、それを手首に力を入れずに腕自体を原理1で持ち上げる場合を想定してみましょう。いくら意識で腕を上げるといっても、腕を上げるのに要する力はプロレスラーが相手では常人が相手の場合の4倍以上は必要でしょう。常人の場合は自分の力の20パーセントで上げられたのに、プロレスラーが相手ではその4倍、つまり80パーセントの力が必要となります。

自分の限界力に対して、使う力が小さい場合は意識の力で腕をらくらくと上げられたのが、限界力の80パーセントものレベルの力を要するとあれば、どうしても筋力に頼らざるを得なくなってしまい、合気術ではなくなってしまうのです。この仮定が正しいとすると、プロレスラーのように筋力が強く体重も重い相手に合気術を効かすには、意識の力を限りなく強くするか、自分の力を鍛えて強くし、体重を増やすしかありません。

この中で一番実行しやすいのが筋力を鍛えることです。既に述べた理由で、たとえ実際に合気術で使う力がその何分の一にすぎないとしても、強い筋力を得ることがどんな相手に対しても効く強い合気術を得る鍵となるのです。

そう言えば往年の合気術の大家、武田惣角先生、植芝盛平先生、塩田剛三先生など、皆さん筋肉隆々となるまでに体を鍛えられていました。力を必要としない合気術であるはずなのに、なぜ皆さんあれほどまでに一生懸命に筋力をつける必要があったのか、不思議でなりませんでしたが、そのように考えると納得がいく部分もあります。あくまでも仮説にすぎませんが。

Step7 原理1を実際の技で試そう——2

1. 両手持ち小手不動

（受、捕　共に正立、正対）

捕：開手のまま両腕を真上に上げる。

受：両手で捕りの両手首を順で掴む。

捕：掴まれた両手首に力を加えず、そのまま両腕をだらりと下方へ落とす。

落とす途中で手が胸の高さくらいまで下りた位置で受けの抵抗を感じるが、意識を高めて手首へ力が加わるのを阻止し、そのまま自然に両腕を真下へ下ろしていく。

受：掴んだ両手が下ろされるにしたがってロック状態となり、腕が下へ落ちた段階では体も沈まざるを得ず、完全に不動状態となる。

▼「両手持ち小手不動」解説

この技のポイントは、最後まで掴まれた手首に力を加えずに、両腕を下ろしきることです。

手が胸の辺りまで下りるまでは、誰でも比較的簡単に両腕を自然に下ろせるのですが、腕がその高さまで下りると掴んでいる受の手にロックが掛かり始めて抵抗力が増すため、どうしても掴まれた手首に力が入ってしまいます。

その場合には次頁の写真に示すように、補助手段として両足を半歩引いて、掴まれた上腕を水平方向へ寝かせることで、両腕をスムースに下ろせるようになります。

今回は初めて両手を掴まれた状態で原理1を用いて両腕を動かしました。今まで片手だとできたのが両腕

両手持ち　小手不動

両手首を掴まえられた状態で、手首に力を入れずに両腕を軽く下げていきます（01〜02）。両腕を最後まで下ろしきると、相手は両手首を極められて不動状態となります（03）。

上写真のように、ここまで落とすと相手の抵抗が強まり、それ以上は下ろせなくなりがちです（01）。そこで左側のテオ師範は両足を半歩引いて上腕を水平に近く寝かせました（02）。すると、抵抗なく両腕を下げられます（03）。

になると途端にできなくなってしまう人が現れるかもしれませんが、それは〝両腕を掴まれてしまった〟という意識を持ったために、腕に力を加えずに動かすことが難しくなったためです。

あくまでも意識の持ち方による問題ですから、それを変えれば改善できます。まず、いつものようにシンクロ法を試しましょう。この場合は両腕を掴まれてしまっていますから、高度なシンクロ法しか使えません。

2. 高度なシンクロ（動きの同期）法

意識では両腕が自由な状態をイメージします。イメージの中でタイミングを合わせて両腕を下げます。

3. 自分なりのイメージを使う方法

掴まれた両手首に力が入らないようにするには、両手首から自分の意識を外すことが大切です。その方法としては自分なりのイメージを描いて腕を下ろす方法が有効です。

自分ができるようになった合気術を弟子たちに教え

高度なシンクロ法（両手持ち）

01

両手持ちの場合、頭の中でイメージする高度なシンクロ（動きの同期）法しか使用できません。

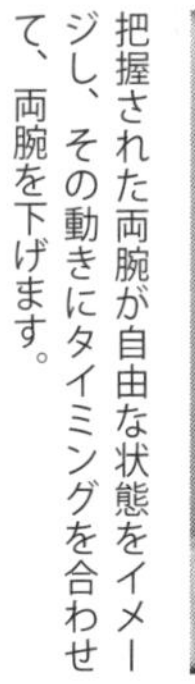
02

把握された両腕が自由な状態をイメージし、その動きにタイミングを合わせて、両腕を下げます。

03

始めてまだ間もない頃ですが、そのイメージを持つことを弟子に教えている際に壁に掛かっている木刀が目に入りました。そこで弟子に木刀を握らせました。ちょうど上段に構えた格好です。弟子には腕を下ろすのではなく、その木刀を下ろしなさいと指示したところ、ものの見事に相手を崩し倒せました。両手を握っていて崩された弟子は〝信じられない〟という顔をして目を白黒させていたのを思い出します。

それを見ていた米国人の弟子は、昔バスケットボールをやっていた関係で、バスケットボールを上に持ち上げていて、そのボールを下へ下ろすイメージで腕を下ろしていました。それも大成功でした。要するに各自が自分に一番適したイメージを抱いて腕を下ろす動作をすれば良いのです。それで、掴まれた両腕に力を入れずに両腕を下げる動作、つまり原理1が実現できるのです。

以下は焼津支部の小野二段が、伊沢二段から得たアドバイス〝自分の気配を消す〟ようにして腕を下げて成功した場面です。

最初は掴まれた手首に力が入ってしまい失敗。次に〝自分の気配を消す〟ようにしたら、見事成功しました。

ここで伊沢二段は〝気配を消す〟という独特の表現を使いましたが、これは〝自分が腕を下ろそうとする意図を相手に悟られないようにして自身の腕を下げる〟という意味で、まさしく原理1の実践に他なりません。

左頁の写真01で小野二段が失敗した際に両手を握っていることに注目してください。

一般的に言えば、手を握ると手と腕に力が入りやすい状態となり、逆に手を開く（開手）と手や腕に力が入りにくい状態となります。これは皆さん日常生活で十分に経験済みと思います。ですから合気術を行う場合には開手のほうが握手よりも遥かに容易となります。もちろん、十分に熟練すれば握手でもできます。

それから最近読んだ柔術の本（『凄い！　八光流柔術』）に手の開き方を〝五本の指を自然にかつ均等間隔になるように開く〟という解説がありました。早速、自分でこの手の開き方をやってみたところ、意識がごく自然に各指先へ集中し、手はもちろんのこと手首、腕に力が集中しないようになるということに気がつきました。素晴らしい手の開き方だと感じ入りました。

以上、ステップ7までで原理1を使った合気術の基本が習得できたはずです。

次からは、腕を水平に動かすのに原理1を使う訓練をします。

これまでは腕を重力の作用方向、つまり下ろす動作に原理1を使う練習をしてきました。これは元々腕に力を加えなくとも腕の自重で自然に腕は下がるので、余計な力を腕に加えずに腕を動かす訓練をするには最適の状況といえます。

ここまで練習してきた皆さんは原理1で腕を下げる動作ができていますので、今回は少し難しい動作、腕を水平に動かすことに原理1を応用してみましょう。

自分なりのイメージを使う

最初に力が入ってしまった失敗を経て(01)、次に"自分の気配を消す"ようにすると、見事成功しました(02〜03)。

01

02

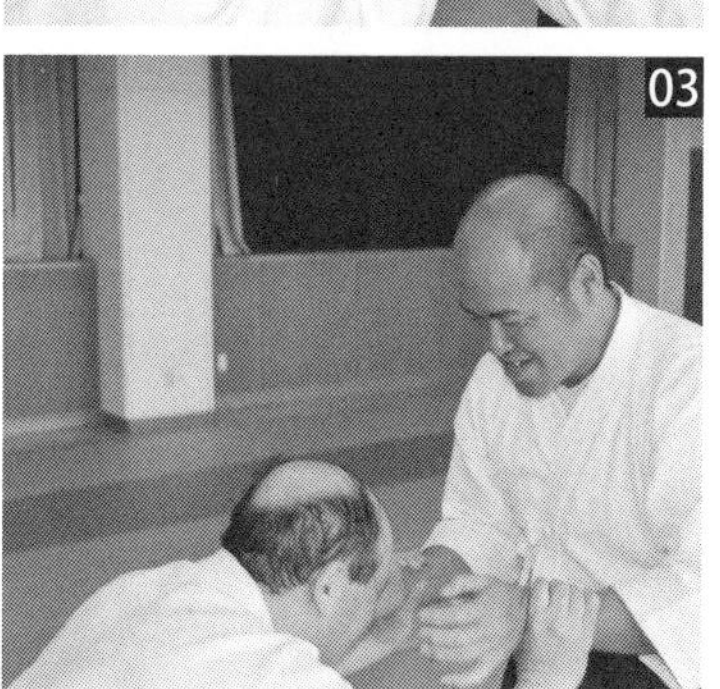
03

Step8 原理1を使って腕を水平に動かそう——1

(1) こちらの体側右側に上げた右腕の手首を受けが

左手で掴む。

（2）掴まれた右腕を手首に力を加えずにその高さを保って反時計回りに、体の左側へ回す。

（3）受けは抵抗できず、大した力を加えていないにもかかわらず引き回されてしまう。

これをすぐにできる人、できない人が出るはずです。できなくともまったく心配ありません。これからできるように解説します。

このような場合に原理1を実現する一番簡単な方法は、〝ロボットの動き〟を真似ることです。つまり、掴まれた右腕を自分の体に固定された器物の一つとみなし、その固定した状態を保ったまま腕を動かさずに体全体をロボットが動くように左に（反時計回りに）回転させるのです。

そうすると結果的に右手首に力が加わらずに、右腕を水平方向に回すことになります。

いかがですか。この方法でほとんどの人が原理1の動きを実現できたと思います。

合気術の先生が「ロボットの動きをしろ」と教えているのを以前に本で読んだことがありますが、それは正にこのことを意味しています。ただ残念なことにその先生はなぜロボットの動きをすれば合気術ができるのかまでは説明されていませんでした。

追記：（柔術と合気術の指導方針）

前回のレッスン3の初めに「通信教育で教えるには柔術よりも合気術のほうが適している」と申しました。

その理由は既に述べた通り、柔術ではやっている本人が正しく適切に技ができるようになったかどうかを判断するのが難しく、一方、合気術ではその点を本人が一番よく分かるためです。

どちらの場合も通信教育できちんと教えるようにするための一番大切なポイントはテキストの作り方にあります。

合気術の場合には「これ以上詳しく記述するのは無理」というところまで、考え付くことは全て徹底的に

原理1を使った水平移動

捕られた手首を垂直方向へ動かしていたこれまでの動きから、今度は水平方向へ腕を動かす動きへと「原理１」を応用してみます。

コツは腕を動かすのではなく、カラダ全体を一つの塊とする「ロボットのような」動きを心掛けることです。

記載します。合気術では、どのようにすれば上手くいくか、弟子たちが気づきやすいようにできる限り多くの示唆を与える必要があります。

テキストを読んだ弟子は、その示唆の中から一つでも自分にピンとくるものがあれば、その技を習得してくれます。ピンとくるかどうかはあくまでも人により千差万別ですから、原理に基づいてそれを実現しうる方法をできる限り沢山、提示することが重要となります。

一方、柔術では同じように懇切丁寧に書かれたテキストを弟子に提供すれば、彼らにはノウハウの本当に深いところが伝わらなくなってしまうのです。

柔術のテキストは合気術とは異なり、物理的な動きや動作の一つひとつを的確に記述する必要があります。合気術と異なるのは、それから少しでも外れたらもう駄目だということです。

例を挙げると「相手の左手首をこちらの右手で強く握り締めない程度に掴む」という動作があります。この程度の記述ではテキストを読んで直ちにこちらの意図通りに的確な強さで手首を握れる弟子はほとんどいないはずです。ではもっと詳しく記述するとしたらどのように書けば良いでしょうか。

「相手が振り解こうとしても解けず、しかし腕自体を動かせる程度に掴む」

そんな記述も可能ですが、これで最初の書き方から比べてどれほどの改善があるのでしょうか。ほとんどありません。逆に余計な先入観を与えてしまいます。考える範囲を狭めてしまい、そこから抜け出せなくなり、弟子たちはかえって正解に至りづらくなります。

結局、初めの記述の段階で留めることで弟子たちはあれこれと握る強さを自分で変えて失敗を繰り返しながら最適な強さを自ら会得していくのです。

また、もし仮にある弟子が二番目の記述でたまたまその説明が自分に合っていたためにすぐに最適点を見つけたとします。彼はそれがたまたますぐにできたことで、そこに至るまでの失敗の経験をつんでいないので、十分なノウハウが取得できたことにはなりません。他の技での違う握り方に入るとたちまちにできなくて挫折してしまいます。

一方、失敗しながらできるようになった弟子たちは、別の握り方に対して〝適切な握り方を習得する〟ノウハウを得ていますから、遥かに容易にできるようになります。

もう一つの例を挙げます。相手に背後からこちらの肩口に近い右上腕部を右手で掴まれた際に、こちらの体を反時計回りに左回転させて左手の手刀で掴んだ相手の右腕を打ち払って相手を崩すという動作で始まる型があります。

これだけの説明では最初からきちんとできる弟子はほとんどいません。本当はもっと詳しく説明したいのです。

相手の掴んできた右腕を左の手刀で払って相手を崩すには、回転を鋭くして、払う左手刀にこちらの体重を十分に載せた回転モーメントを活用して相手を崩すのがノウハウです。単に体を回転させて、相手に向き合ってから手刀で払っただけでは体重差のある相手を崩すことは到底できません。

そのためにはこの場合ですと、回転する方向にある左足ではなく、右足を軸にして体重を完全に載せて体を鋭く回し、それで生じた回転モーメントを左の手刀に集中させなければいけません。しかし最初からそこまでは教えずに、力を込めて掴んでいる相手を十分に崩すための工夫を弟子たちには各人なりにしてもらいたいのです。ですからこの場合は意図的に完全な説明とはしません。

結論ですが、柔術のテキストでは敢えて全てを記載しようとはせず、80パーセント程度に留めて後の20パーセントを個々人の工夫と努力に任せるほうが、弟子は上達しやすくなります。これが私の指導方針となります。

通信教育で色々な弟子たちを教えると、中には私の怠慢と受け止めて、「なぜ最初からきちんとした（あらゆる詳細部分までを網羅した）説明を書いて教えないのだ」と逆に文句をつけてくる人も現れますが、そういう弟子には私の指導方針を改めて説明することにしています。

■

レッスン
Lesson5

原理1 「無意識動作法」のさらなる展開

合気術への理解

私は自分で考えた合気術の指導方法の効果を確かめたくて、機会があるごとに他所の道場を訪れて技を披露し、その後で実際に教えて確かめることにしています。

まったく見も知らない相手に初めて技を掛け、そして請われるままに教えますが、「もし効かなかったらどうしよう」とか「教えてもできなかったらどうしよう」などと心配しながら、それでもそんな気配を気取られないように平気な顔をして、毎回が真剣勝負のような緊張感を楽しんでいます。上手くいっても失敗しても、そこから学べることが多く、毎回の経験が私の指導法を改良していく格好の材料となっています。

そのようにして教える経験を積んできていますが、どこの道場へ行っても必ず一人はいるタイプに、「自分だけには絶対に掛からない。掛けられるものなら掛けてみろ」と体中の筋肉にありったけの力を入れて抵抗する人がいます。そのような相手には動作系の原理ならば大体は通用しますが、まだまだ私のレベルがさほど高くはない接触系の原理では通用しない技が出てきます。

自らの道場以外でも積極的に合気術を披露し、懇切丁寧に指導する著者。

そのような場合に私は以下のような説明をします。

「私の合気術は始めてからまだ10年足らずの経歴しかなく、合気術の力も著名な先生方と比べるとまだまだ弱いレベルです。ですから〝絶対に掛かるものか〟と力まれてしまうと掛からない技も出てきます。それを他の人たちに見せつけて〝どうだ、俺はすごいだろう〟と自慢されたい方は、どうぞここでお引き取り下さい。

今回の私の目的は一人でも多くの方に合気術を体験してもらうことです。もちろんわざと効いたふりをして掛かってもらうことなどまったく必要ないのですが、特に接触系の原理を使う技は掛かりにくいので、抵抗も協力もしない自然体で相手になっていただきたいと思います。そうすれば自分の意志ではなく、勝手に自分の体が動いて崩れていく不思議な状態が体験できます。

もちろん、著名な合気術の大先生ともなれば相手がいくら頑強に抵抗しても関係なく合気術を掛けることができますが、そのように強力な合気術を駆使できる大先生は過去、現在共にごく限られた人数しか現れておらず、まして今もご存命の大先生がわざわざこのような機会を作って皆さんに教えに来てくれるはずはありません。

私はあくまでも皆さんに合気術がどのようなものかを知って、体験して欲しくて、ここに来ています。指導料などもちろん取りません。どうかそれを宜しくご了承、ご理解ください」

これを説明すると、最初に力んでいた人も含めて参加者皆さんが一様に納得してくれて、その後の講習がとても円滑に進行します。

今回は前回に引き続き、原理1を使って腕を水平方向へ動かす訓練です。使う方法は既に何度も繰り返し行われているので、皆さん全員が難なくこのレッスンをクリアできるものと信じています。

さていつまでもロボットの真似をし続けると鉄人28号になってしまいますので、この動きができたところで次の段階へと進みましょう。

ここでは、体を動かさずに腕だけを動かして原理1の動きを実現させます。何をするかはもう大抵の人に見当が付くはずです。

(1) こちら（右）の体側右側に上げた右腕の手首を受（左）が左手で掴む。掴まれた右腕の手先を空いている左手で掴む（左頁写真01）。

(2) 右腕に力を加えずに左手で右腕を左側へ回す（02〜03）。その際、体ではなく腕を動かすイメージで引っ張る。

問題なくできたことと思います。では次の段階へ進みましょう。

自らの腕を使って「原理１」を水平方向へ働かせてみる

01

02

03

Step9 原理1を使って腕を水平に動かそう――2

1．シンクロ（動きの同期）法

（1）捕（次頁写真の右側）が体側右側に上げた右腕の手首を、受が左手で掴む。捕は左腕を右腕と同じ高さで平行に保つ。

（2）捕は、掴まれていない自由な左腕を、水平にゆっくりと反時計回りに回す。

（3）回しきったら、今度は時計回りに回して最初の位置まで戻す。これを数回繰り返す。

（4）～（5）何回目かで、捕は意識は左腕に集中させたままで、左腕と一緒に右腕を同期させて動かし始める。

（6）受は抵抗できずに、体ごと回されてしまう。

2．高度なシンクロ法

（1）捕が体側右側に上げた右腕の手首を、受が左手で掴む。左腕は下げたまま、あくまでもイメージの世界で、左腕を右腕と同じ高さで平行に保ち水平にゆっくりと反時計回りに回し、回しきったら今度は時計回りに回して最初の位置まで戻す。これを数回繰り返す。

（2）何回目かで、捕は意識は左腕に集中させたままで、左腕と一緒に右腕を同期させて動かし始める。

（3）受は抵抗できずに、体ごと回されてしまう。

シンクロ(動きの同期)法

まず自由な左腕を右腕と同じ高さに保ったところから、水平に開き、閉じる動きを繰り返します（01～03）。十分、意識を同期させたところで、左腕の動きに右腕を同期させて動かすと、掴んでいる受は抵抗できずに体ごと回されてしまいます（04～06）。

さて、前レッスンで解説したロボットの動き、あるいは今回のシンクロ法を使っても相手が重すぎて回せないケースがあります。この点がレッスン3までで練習した、腕を重力の方向に動かす（下げる）場合と違う難しさとなります。

高度なシンクロ法

今度は左腕は下げたままとして、意識の上だけで左腕を開き、閉じることを繰り返します（01）。十分、意識が同期したところで、左腕の動きのイメージに合わせて右腕も「一緒に」動かすと、掴んでいる受は抵抗できずに体ごと回されてしまいます（02〜03）。

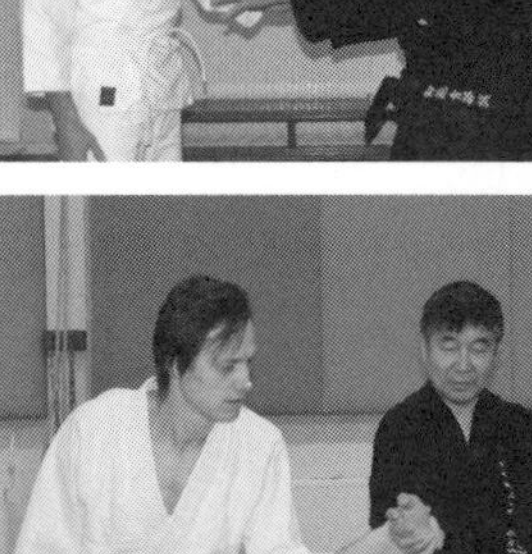

　原理1がどうして利くかは既にご理解いただけたことと思いますが、原理1には限界があります。例えば、相手が自分の手首を掴んできた場合、原理1を使ってその腕を動かすと、相手は腕の動きに体本体が引きずられて崩れる、それが原理1です。

　ところが極端な場合を想定し、寝そべった自分の上から相手が体重をかけて自分の手首を握ってきたら、いくら原理1を使っても相手の腕を動かすことはできません。なぜなら相手の腕には彼の全体重が乗っているからです。

　いくら意識を使っても、普通の人には片腕で70キロの質量を持ち上げることなどできません。同じようなことを合気術の有名な先生がやられていますが、あれはこちらから相手の神経を麻痺させる電気信号のようなものを発して、相手の神経を麻痺させているからできるので、まったく異なる原理を使って初めて可能となる技です。

本題に戻りますが、このロボットの動きをしても相手が動かない場合というのは、相手の腕だけを動かすのではなく、〝腕を介して相手の体重を動かそうとしている〟からなのです。

以下の例を見てください。

ケースA

初心者のマルチンがベテランのテオ師範と、このステップを練習していました。マルチンは私が教えたようにしてテオ師範を動かそうとしているのですが、テオ師範はまるで錘（おもり）を体につけているかのように微動だにしません。

ケースB

私はテオ師範が何をしているか、すぐに気がつきましたので、マルチンを呼んで、あるアドバイスをしました。

すると同じようにしたとしか見えないのに、左列の写真のようにマルチンはテオ師範を軽々と動かして崩すことができたのです。

さあ、私はマルチンにどのようなアドバイスを与えたのでしょうか。

最初のケースAでは、原理1の限界を熟知しているテオ師範は腕を引っ張られまいとして、意識の上で腕を体と一体化することで抵抗しました。

決して腕を体にぴったりとくっつけたわけではありません。あくまでも意識を働かせて右腕と体を巧妙に一体化させていたのです。

その状況ではテオ師範の右腕を引っ張ろうとしても、マルチンは彼の90キロ近くもある体全体を左腕だけで動かそうとしていることになり、それは不可能です。最初に腕だけを動かして、それにつられて体全体を動かして崩す原理1はこれでは効きません。

私がマルチンに与えたアドバイスというのは、意識

ケースB

ケースA

ケースAでは、テオ師範の体は微動だにしませんでしたが（ケースA 01～02）、著者がアドバイスをした後のケースBでは御覧の通り、簡単にテオ師範の体は崩れてしまいました（ケースB 01～03）。
著者はマルチンへどのようなアドバイスを与えたのでしょう？

意識の上で体幹と腕を一体化させたテオ師範に対して、マルチンは予測外の方向へ向けて腕を操作することで、テオ師範の抵抗力を失わせることに成功したのです。

で一体化したテオ師範の腕を、体から引き離す方法を教えたのです。

具体的には、テオ師範の腕を引っ張る際、握られた手首に力が入らないようにするのはもちろん、その引っ張る方向を体に直行する角度よりも開くように、つまりテオ師範の体の前方よりもやや外側の、右側方へ向けて引っ張るように指示したのです。

彼は想定外の方向で引っ張られたもので腕と体の一体感を一瞬で失ってしまい、このことによりマルチンは体と一体化していたテオ師範の腕を体から切り離して引っ張ることに成功しました。

テオ師範の腕は引っ張られて動き、引っ張られた腕に引きずられるようにして、テオ師範の体自体が動いた（崩れた）のです。

いくら合気術といっても90キロの体重を、軽々と持ち上げたり動かしたりするような手品はできません。動かしやすい部分を動かして、それに誘導させて本体を崩すのが原理1の仕組みなのです。

同じような例として、相手の腕を体の真横方向へ引っ張っても原理1は効きません。その場合ですと特に意識などせずとも、相手の腕は体を引っ張る単なる紐と化して、腕を引っ張るのは結局〝相手の体に紐をつけて引っ張るのと同じ状況〟となってしまうからです。

余談：ポーランド事情と人間性

読者の皆さんはポーランド人のレフ・ワレサ氏を覚えているでしょうか。

1980年代にポーランドのレーニン造船所で社会主義国としては異例とも言える、政権の御用組合ではない労働者たちの自主的な労働組合「連帯」を結成し、当局からの弾圧にも屈せずにポーランドの民主化の先駆けとなりました。そして最後にはソ連の傀儡政権であったヤルゼルスキ将軍の軍事政権を倒してポーランドの独立、そして民主化を果たしたポーランド史上に燦然と輝く英雄です。

「連帯」の勢いが盛んになり、当時の政権ではもはや押さえることができなくなった時、ポーランドを支配していたソ連の指令で軍人のヤルゼルスキ将軍が戒厳令を布き、「連帯」の活動家たちはワレサ氏をはじめとして全員が逮捕されるか、国外追放となってポーランドの民主化運動は壊滅状態となりました。

私の古くからの友人で当時ワルシャワ大学の助手をしていたバンダ・アナシさんも、「連帯」の活動をしていたという理由で大学から追放されて国外追放処分となりました。同じ大学で講師をしていたご主人は家族よりも学者としての将来を選んだために離婚せざるを得ず、バンダさんは一人娘を連れて嘗て留学した東京大学の先生を頼って、尾羽打ち枯らした状態で日本に逃げてきました。その当時のことを私は今でもよく覚えています。

この時にポーランドのカソリック教会の中から「連帯」を支持する若い神父たちのグループが生まれましたが、その急先鋒だったポピュウシコ神父がある日突然に行方不明になって、その後に惨殺死体で発見されます。これが社会主義政権を支える秘密警察の仕業であることは誰にも明白でした。

国中が敬虔（けいけん）なカソリック信徒であるポーランドで、たとえ「連帯」を擁護して政権を攻撃したとは言え、尊敬すべき神父を惨殺したという行為には、それまで「連帯」には関心のなかった人たちまでが政権批判を強め、全国的な抗議行動が盛り上がって、あっという間に国内各地で「連帯」が復活しました。そして最後には軍事政権ですら全国民的な民主化の盛り上がりを抑えきれずに、欧州のほかのどこの社会主義政権よりもいち早く政権が崩壊しました。それはソ連が長きに渡って東欧諸国を自らの支配下に置いた赤色帝国主義の瓦解の始まりとなったのです。

自身も投獄されるなどして酷い目に遭いながらも、終始「連帯」活動の先頭に立って祖国ポーランドをソ連から独立させるために戦ったレフ・ワレサ氏は、社会主義政権崩壊の前に早くもノーベル平和賞を授与され、独立後の民主国家に戻ったポーランドの初めての大統領に選出されました。

それから20年以上も経った２０１４年に、ポーランドで一冊の本が出版されました。内容は、そのワレサ氏が実はソ連（ロシア）のスパイだったという〝暴露〟本です。本には著者が指摘する幾つもの〝証拠〟が掲載されていましたが、でっち上げであることは誰の目にも明らかです。あの立派なワレサ氏に根も葉もない言いがかりをつけて、自分を売り出して本を沢山売って一儲けしようとする心底の腐った人間がしたことでした。

自らを利するために過去の偉大な行いをした人に対してその業績をけなしたり、ケチを付けたり、酷い場合は業績を横取りしたりする行為を、恥ずかしいとも思わずに平気で行える人間が、その男に限らず、あちこちにいることに対して強い憤りを感じてなりません。

武術の世界でも流派の相続、お互いの正統性をめぐって関係者同士、時にはまったく関係のない部外者までが加わって、中傷合戦のような醜い争いが起きます。

しかし、その流派を打ち立てた先人の偉業を尊敬し、感謝する気持ちを持てば、そのような争いは本来起きないはずだと思うのは私一人だけでしょうか。■

レッスン
Lesson 6

原理1 「無意識動作法」の最終局面

「逆手道」への想い

私は逆手道の第二代宗師を名乗っていますが、これは初代宗師の故田中忠秀堂先生から指名されたわけでも、また田中宗師のご逝去後にそのご家族からご指名を受けたわけでもありません。

オランダに住むようになってから田中宗師の許可を得て、この地でずっと逆手道を現地の人たちに細々と教えていました。そのうちに田中宗師が亡くなったこと、その後を継ぐ人が出ずに流派は消滅してしまったことを田中宗師の奥様からいただいた手紙で知りました。そのことを知って、私が微力ながら途絶えた逆手道を欧州の地で再興しようと決心し、以降はもっと真剣に逆手道を教え広めることに注力してまいりました。

その後、弟子の数や支部の数もオランダ国内外に順調に増え続け、さらには自身で編み出した合気術のシステムも加えて、2014年に護身武芸逆手道を「合気柔術逆手道」と改名し、自ら勝手に第二代宗師と名乗って田中初代宗師の後を継ぎました。ここまで尽力して逆手道の再興を果たしたのだから、その努力に免じて私が第二代宗師を名乗ることを故田中宗師もきっと許してくださるに違いないと考えてのことです。

ただし、残念なことに私は田中宗師が創設した逆手道のシステムを完全に相伝していません。逆手道には元々殺法と活法がありますが、殺法では短棒術や捕り縄術など私が伝承できなかった部分があり、活法に至ってはほとんど伝承していません。

ですから、もし私よりも逆手道のシステムをもっと多く伝承していて〝我こそが逆手道の正当な継承者だ〟という人が現れ、その人が故田中宗師が興した逆手道を広めたいという真摯な気持ちを持っているのならば、私は逆手道の発展を願いながら喜んで田中先生の後継者という肩書きを外します。

私は自分の主宰する柔術のシステムを先代がいることで重みを付けて、その価値を高めようなどというケチな考えは持っておりません。一方、私が教えるシステムの2/3以上は元々逆手道の技ですから、それに勝手な名前を付けて、自分の流派を興すようなまねは自分に恥ずかしくてできません。

私は自分が逆手道を習得したお蔭で、67年間の人生後半にオランダで遭遇した幾つもの苦難を精神の支えを得て乗り越えることができました。卑劣な連中に膝を屈することなく、正しいと信じること、人としてす

逆手道の特徴的な技法の一つ「流雲投げ」。

べきことを行う勇気を得ました。その結果、異国の地で突然に収入を失って生活苦に陥りましたが、家族全員の結束を得て苦難を乗り越えることができました。

後から振り返っても、異国の地で路頭に迷いたくないために卑劣な連中に一度でも膝を屈してしまっていたら今の自分はありません。勝負の勝ち負けは物理的な優劣ではなく、気持ちで負けた時に最終的に負けてしまったことになり、そこで初めて負け犬となってしまうのです。

自分に恥じない人生を生きる力を私に与えてくれた逆手道を創設してくださった故田中宗師に感謝して、私がそれを継承して次の世代に残すことで逆手道と田中宗師の名前を後世に残したいと切に願っています。逆手道を再興すれば故田中宗師への恩返しができる、そう信じてこれまでの26年間、ずっと無料で弟子たちを教え続けてきました。指導料も段位の認定、免状の発行も全て無料でした。お陰様でその気持ちを理解して一緒に逆手道の再興に力を注いでくれる良い弟子たち、というよりは志を同じくする仲間たちに巡り合うことができました。

ただ、私はこれから通信教育を本格的に始めるにあたり、従来の無料制度を改めるつもりです。その最大の理由は、従来ずっと無料で教えてきたことのマイナス面として、無料であることに甘えて、しょっちゅうサボって継続的に先へ進む努力をしなくなる人たちが多いことが挙げられます。

半年以上、酷いケースでは1年以上も実質的な稽古をしないで、気が向いたらその時だけ少し稽古してビデオを送ってきて、それにコメントして返したらまた同じ期間活動を休止するようなケースもしばしば起こります。

また、無料であることを当然のように受け止めるようになり、何から何まで私が負担しなければ何もしない、そのような状態になるケースもあります。教授料、昇段審査料、支部へ赴いて実際にセミナーを行う際にも交通費、宿泊費まで弟子たちに負担を掛けないよう従来は全て自分で負担してきました。それに対してまじめに練習して応えてくれれば私も嬉しいのですが、教えさせてやっているのだ、初段審査に合格したら締める黒帯も私からプレゼントされて当然という態度まで見せつけられると、私の教えようとする熱意はもうなくなります。

上記の理由で2007年に初めてできた外国支部（ワルシャワ支部）も2011年に閉鎖せざるを得ませんでした。ですから、そのような怠惰な取り組み方をさせないためにも、もう無料で教えることは止めにいたします。ただし金儲けが目的ではないので、弟子たちには大した負担とならない程度に抑えるつもりです。外国の場合も同じで、その国の所得水準に合わせた教授料、例えばどこの国に対しても〝月謝はその国で安いマクドナルドの並ハンバーガーが五つ買える金額〟などというように公平な設定をするつもりです。

Step10 原理1を使って 腕を水平に動かそう――❸

ここまで達すれば原理1の合気術もかなりできるようになってきているはずなので、今回は新しい試みをします。そうです、最初に示した通り何の下ごしらえもなく、いきなり掴まれた右腕を原理1で反時計回りに回すのです。右腕の動くイメージはもう完全に会得しているはずですから、ここではどうやったらそのイメージどおりに意識を使って右腕を動かすか、それをぜひやってみてください。できなければ高度なシンクロ法に戻って数回繰り返し、また挑戦してください。

（1）こちらの体側右側に上げた右腕の手首を受が左手で掴む。

（2）掴まれた右腕を手首に力を加えずにその高さを保って反時計回りに、体の左側へ回す。

（3）受は抵抗できず、大した力を加えていないにもかかわらず引き回されてしまう。

おめでとうございます。ほとんどの皆さんができたことと存じます。これが完成段階です。

もしできない人がいれば、高度なシンクロ法に戻って何度も繰り返し練習してください。最終ゴールはもう間近です。もう一頑張りでゴールインですから頑張ってください。

◉できない人のために

本テキストは初めて合気術、あるいは武術を経験する人でも十分に分かりやすく、難解な合気術が徐々にできてくるように解説したつもりですが、それでもなかなかこのテキストに書いてある通りにできない人も絶対にいると承知しております。

そのような場合ですが、〝絶対に諦めないで欲しい〟というのが私からのお願いです。どうしたらできるようになるか（原理）は明らかにしていますし、その原理を実現するための補助動作も具体例を挙げて説

「原理1」を水平方向へ

01

02

03

明しています。

問題はその例として提示してある補助動作が、その人に合っていないことです。その場合は自分に合った補助動作を見つける工夫をして欲しく思います。

先にも書きましたが、上に上げた状態で掴まれた両手をイメージで下げる方法として、居合道を学んでいる人には短い木刀を持たせて、手や腕ではなくその木刀を振り下げるイメージで両腕を下ろさせたら上手くいきました。昔バスケットボールをやっていた人には、上げた両手でボールを持ち、そのボールを下に下ろすイメージで両腕を下ろさせ、それも上手くいきました。スポーツをぜんぜんやったことがない人に対しては、〝痒くなった腹を両手で掻きにいく〟イメージを持たせれば上手くいくかもしれません。

こうした各人各様で自分の得意種目に合わせた補助動作を工夫していただきたいのです。それが合気術を実現するための大事な一歩となります。

ぜひ、自分なりの工夫をしてみてください。

Step11 実際の技で試そう

回転投げ

（受（うけ）、捕（とり） 共に正立、正対）

受：左手で捕の右手首を順に掴む。

捕：体を左側へ開きながら、掴まれた右腕を合気術で体の前方へ高く上げ、右足を半歩前に進める（つまり元々の左方向へ進む）。

捕：受の左腕をまっすぐに伸ばさせ、反時計回りに大きく回転させ、受の手が十分に上がったところで、左手で受の後頭部を上から押さえつけて頭を下げさせる。

捕：右手で受の左手を、さらに受の頭上を通過させて回し、頭を左手でさらに押し下げて、受を頭から回転させて前方へと投げ飛ばす。

▼解説

この技は合気道で盛んに行われるもので、最初に相手を十分に崩してからでないと本来は技が掛かりません。動きの中で相手を崩すのは簡単ですが、静止した状態でこちらの腕を掴んできた相手を崩すためには合気術が必須となります。

この技では受に掴まれた右腕を左へ移動しながら合気術で上げられれば、受は完全に崩されて、後は受の右腕を上げるなど造作なく繋げられます。

どうでしょうか、もうほとんどの人がこの技を実現できたことと思います。

ただこの技はあくまでも受身が十分に取れる中・上級者を相手にして練習してください。受身が取れない初心者ですと、投げられる際に頭を床に打ちつけてしまう恐れがあります。十分気をつけて、くれぐれも慎重に練習してください。

—回転投げへの応用—

手首を掴まれた右腕を、合気術を使って手首に力を入れずに前方へ持ち上げて相手を崩します（01 ～ 02）。

これ以降は通常の回転投げです。前段の手首上げさえできれば、問題なく投げへと移行できます（03）。

02

Step12 原理1を使って腕を上に上げよう——❶

さて、いよいよ原理1の展開も最終局面、一番難しい〝腕を重力に逆らって上に動かす〟訓練です。原理1を使って腕を下、さらに水平へと動かす訓練はクリアしてきている皆さんですから、今回も自信を持って取り組んでください。必ずできます！

ここでは原理1の基本としては最終段階、腕を上に上げる動作をやってみましょう。手首を掴まれた状態の腕を上に上げるには、どうしても手首に力が入りがちです。特に重力に逆らって腕を上に上げるのですから、手首に力を加えずに腕を上げるのには、かなり〝強く意識して〟腕を持ち上げなくてはなりません。

ただ、ここまで進んできた人たちはもう十分〝意識で腕を動かす力〟が強くなっているはずですから、さほどの苦労なくできることと信じます。

（1）こちらの体側左側前に下げた左腕の手首を、こちらに向き合った受が右手で掴む。

（2）掴まれた左腕を手首に力を加えずに、ゆっくりと上に持ち上げる。

（3）受は抵抗できず、大した力を加えていないにもかかわらず右腕ごと持ち上げられてしまう。

さてこれができない場合は、最初は第三者の補助による方法を試します。

この第三者の補助が良いのは、腕が自分ではなく他人の力で動きそれが合気術を実現しますから、腕をどう動かせば良いかを純粋な形で実感でき、常にその状態を手本とできるからです。

後日談：『ワルシャワ物語』裏話

私は、大学院の学生だった24歳の時に、研究のため初めて外国（ポーランド）を訪れましたが、それ以来いつかは必ず欧州で暮らしてみたいとずっと考えてい

「原理１」で腕を上へ動かす

次に座った状態でやってみましょう（04 ～ 05）。

第三者の補助による方法

第三者が捕の腕を両腕で掴んで動かします（01～02）。しかし、動かし方を工夫しないと受の抵抗を受けて捕の腕が動かせません。動かせない場合というのは、受が動かそうとする力を察知できるような方向へ力を入れた場合です。工夫してみてください。

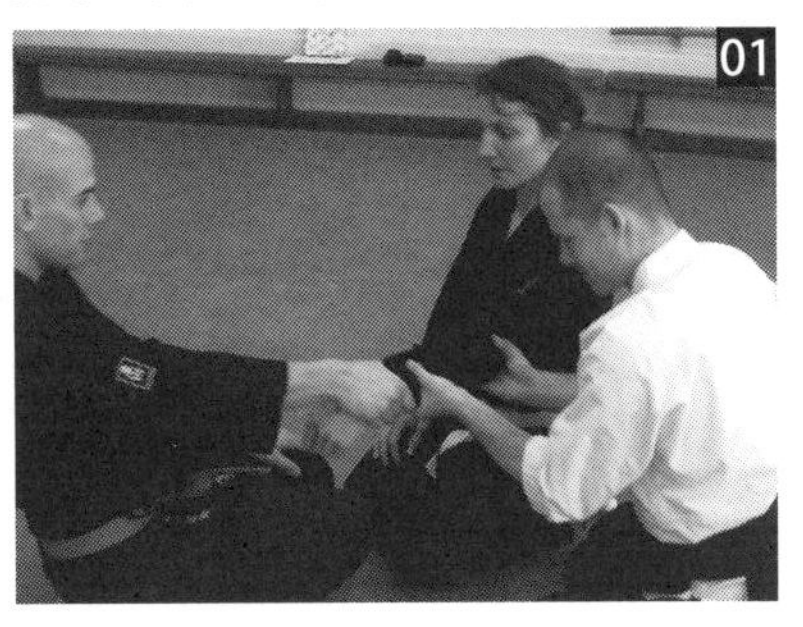
01

02

空いている手を利用する方法

合気上げでは両手首を捕まれますが、この場合には片手首だけ掴んでもらって、この方法を練習します（01～02）。

01

02

イメージを使う方法

次に、立った状態でイメージを使う方法で行います。ここでは第三者のかざした手を、掴まれたほうの手で掴みにいく動作をして腕を上げています（01～02）。

01

02

ました。そして欧州では仕事だけでなく、何か日本の文化を現地の人たちに伝えて交流を図りたいと考えて社会人になってから逆手道柔術を習い始めました。

そうして40歳を前に、遂には会社を替わってまでして、その夢を実現してオランダで暮らすようになりました。

ところが、日本からの出向社員として働き始めたそのオランダの現地法人では、数年前に流行った銀行内部の不正を題材にしたテレビドラマと同じようなことが実際に行われていました。そして、仕事もせずに卑劣な仕掛けを次から次へと繰り出してくる連中相手に、神経をすり減らす毎日が続きました。

最後には本社常務まで繋がる卑劣な連中たちを相手にして戦い始め、本社には白黒を分かってくれて助けてくれる人も何人もいましたが、結局、多勢に無勢で会社を辞めざるを得なくなってしまいました。異国の地で、突然に会社を放り出されて無収入となってしまったのです。

その数年後に、私が戦った卑劣なグループのトップだった男は、自らが指導した北朝鮮への精密測定機の違法輸出で警察に逮捕されて、会社を首になりました。当然、彼の息の掛かった連中もそれなりに処分されたことでしょう。

まったくの偶然ですが、私がウェブサイトで公表していた歴史小説『ワルシャワ物語』でも、それとまったく同じ筋の展開を描いていました。公表してから2年半後にまったく同じことが現実問題として起きたことには非常に驚きました。因果応報とは正にこのことで、顛末もテレビドラマと同じようになりました。

異国の地で突然に仕事を失い無収入状態に陥るのが怖くて、あの時に卑劣な連中に膝を屈してしまっていたら、今の自分はありません。そうせずに踏ん張れたのは、私が逆手道という武術を修練していたお陰で、どう生きるべきかという正しい判断ができたためです。

あの時に将来のこと、家族の生活のことを慮（おもんぱか）って、別の（安易な）選択をしていたら、その後で決して良いことはなかったでしょう。また、そんな勇気のない自分が他人に武術を教えることなど自分に恥ずかしくて到底できませんでした。

苦しい道でも、正しいと信じる道に進めた勇気を与えてくれた逆手道に感謝いたします。■

レッスン
Lesson 7

原理1 「無意識動作法」で合気上げ挑戦

技のノウハウの発見と伝授

私は逆手道を故田中忠秀堂宗師から直に習えませんでした。田中宗師の高弟の一人で、亡くなられた後は当然その後を継ぐと期待されていた人から習いました。しかし私はその人から、ただの一つもノウハウらしきものは習ってはいません。

個々の技一つひとつのノウハウはオランダの地で、未熟な自分の分際もわきまえずに弟子をとって教えながら工夫したものです。体格や筋力が私よりも遥かに優れる人たちを相手にして、技が思うように、あるいはまったく効かなかった場合に、あれこれと悩み、工夫しながら一つ、また一つと歳月を掛けて会得してきたものです。ですから私の弟子たちが私の先生でした。

逆手道の技のノウハウは全て自分の努力と工夫で会得したものですから、結果的にはただ教えてもらうよりは、ずっと深いレベルに到達できたと信じています。ましてて合気術にいたっては全て独力で開発、あるいは会得したものばかりです。

通勤途上の電車の中であれこれと思案を重ねながら技のイメージを掴みました。それを試せる相手が身近にいないので、月二回ある練習日にぶっつけ本番で弟子を相手に試します。平均すると半分以上は初回ででき、できなかったものもその後の2週間、さらに思案を練って次の練習日に再度チャレンジし、そうやって技を一つ、また一つとものにしていきました。帰りの電車で考え込みすぎて、降りる駅を通り過ごしてしまうこともしばしば起こりました。

私にとって何よりも嬉しいことは、そうやって会得したノウハウを弟子たちに教えると、皆とても喜んでくれることです。私の弟子たちの中には実際に戦ったら私では絶対に勝てない強い人が何人もいます。彼らもそのことは重々分かっているはずです。しかし、それでも私のことを〝先生〟と呼んで師事してくれるのは、私に教われば自分たちにないノウハウを得て、彼らのレベルがさらに上がることが分かっているからでしょう。

26年前、著者がオランダの武道団体IMAFオランダから依頼され、セミナーを開いた際の集合写真（前列向かって左から三人目に著者）。

私はノウハウの出し惜しみは一切せず、自分にあるものは弟子たちに喜んで全て教えます。私から教わることがもうなくなれば、弟子たちが離れていくことは当然と受け止めています。しかし面白いもので、出し惜しみなどせず一生懸命に弟子たちに教えると、自分のレベルも向上していきます。ですから真剣に教えれば教えるほど、新しく教えられることが次から次へと増えていきます。

その結果、私よりも強い弟子たちはいつまで経っても、私から離れずに弟子であり続けてくれています。２０１４年にはその中から技、人格共に立派で尊敬できる人、オランダ人ですが彼を私の後継者、合気柔術逆手道第三代宗師に指名しました。これで逆手道を、創始者の田中忠秀堂宗師の名前と一緒に次の世代へと無事託すことができます。

ある人から、嘗て「直に習ってもいない田中さんの後を継ぐなど、笑わせるな」と嘲笑されたこともありますが、今は亡き田中宗師はきっと私の気持ちを理解してくれて、逆手道が無事再興された現状を喜んでいるに違いないと信じています。

Step13 原理1を使って腕を上に上げよう——2

では、前レッスンに引き続き原理1で腕を上に上げる練習を続けます。

前回は座ってやりましたが、今回は同じことを立ってやってみましょう。シンクロ法から始めます。

1．シンクロ（動きの同期）法

（1）こちらの体側右前に上げた右腕の手首を受が左手で掴む。

（2）掴まれていない自由な左腕をゆっくりと肩の高さまで上に持ち上げ、次に下へ下ろす。これを数回繰り返す。

（3）何回目かで、意識は左腕に集中させたままで、左腕と一緒に右腕を同期させて上に持ち上げる。

（4）受は抵抗できずに体ごと持ち上げられてしまう。

これができたら、次はもちろん高度なシンクロ法です。

2. 高度なシンクロ（動きの同期）法

（1）こちらの体側右前に上げた右腕の手首を受が左手で掴む。

（2）掴まれていない自由な左腕をそのまま動かさずに、あくまでもイメージの中だけでゆっくりと肩の高さまで上に持ち上げ、次に下へ下ろす。これを数回繰り返す。

（3）何回目かで、意識は左腕に集中させたままで、左腕と一緒に右腕を同期させて上に持ち上げる。

（4）受は抵抗できずに体ごと持ち上げられてしまう。

シンクロ法で腕を上へ動かす

掴まれた腕はそのままに、自由な腕（写真では左腕）を上下に上げ下げ（01～02）。これを数回繰り返したのち、意識は左腕に集中したまま、左腕の動きに合わせて（ちょうど両腕の高さが揃ったところから）、右腕を同期（シンクロ）させて一気に持ち上げます（03）。受は、ただ腕を上げられるだけでなく、体ごと浮き崩されることに注意。

高度なシンクロ法で腕を上へ動かす

今度はイメージだけを同期させる高度なシンクロ法で腕を上げてみます（01～02）。
要領は同じです。

これができれば、後は手首を掴まれた右腕を意識して、原理1で持ち上げることが可能となるはずです。駄目な場合は、この「イメージだけを同期させる高度なシンクロ法」に戻って、何度も繰り返し練習してください。

Step14 いよいよ合気上げに挑戦！

原理1の総集編とも言えるステップとして、いよいよ「合気上げ」に挑戦します。前ステップまでクリアしてきた人たちにとって、合気上げはもう難しいものではありません。自信を持って取り組みましょう。

◉合気上げとは

合気上げはあらゆる合気術の中でも基本中の基本と称される技です。これは前のほうでも少し述べましたが、〝習得が容易〟という理由からではなく（実際にその習得はそれほど容易なものではありません）、この技は実現する原理が幾つもあって、最も奥が深い技です。それ故に自分の意識の働かせ方や、相手からの反応を探って合気術を研究するのに、これほど適した技は他にないからです。

ではこれから、まず原理1を使う合気上げの習得に掛かりましょう。

（受、捕　共に正立、正対）

受：捕の両手首を両手で掴む（順取り）。

捕：掴まれた両手首に力を加えることなく、両腕をそのまま上に上げる。

受：抵抗できずに体全体が上に持ち上げられ、完全に崩される。

▼解説

前ステップまでクリアした皆さんは、おそらく半分以上の人がこの合気上げができるはずです。しかし、できなくとも心配要りません。

合気術は意識で動きを制御する術なので、気持ちの持ちよう、状態に大きく影響されます。もう本当ならばできるはずなのに、〝いよいよ合気上げに挑戦だ！〟などと気持ちが高揚すれば余計な力も入ってしまい、できなくなることも大いに有り得ます。

この合気上げができない場合は、いつもの定石どおりにやってみましょう。必ずできるようになります。

第三者の助けを借りる方法

この場合は習得を簡単にするため、相手を立ち上がらせるのではなく、反り返らせる合気上げで練習します。

（1）第三者に両肘を背後から押してもらう。

（2）掴まれた両手首に力が作用せずに両腕が前方へ繰り出されるので、受は抵抗できずに崩されてしまう。

「原理１」による“合気上げ”

掴まれた両手首には力を入れずに、両腕を自然に持ち上げます（01 ～ 02）。受は抵抗できずに体ごと軽々と持ち上げられます（03）。

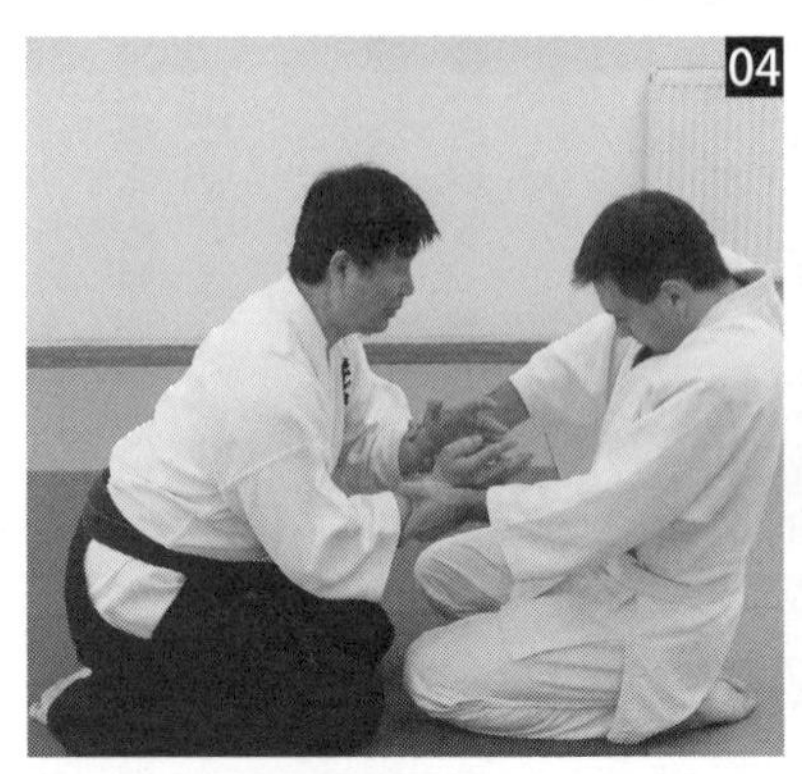

03 の状態から、親指主導で両手を傾けていくと、相手（受）はその方向へと崩れます（04 ～ 05）。

−第三者の助けを借りる方法−

掴まれた両手を上げる際、背後より第三者に両肘を押してもらいます。すると、両手首へは力が作用せず、両腕が前方へ繰り出され、受は崩されてしまいます（01 ～ 02）。

これができたら次は高度なシンクロ法で試してみましょう。もう片腕上げでできていますから、両腕上げもできるはずです。

最後にもう一つヒント（ノウハウ）を差し上げます。

掴まれた手首を肘よりも高くする、あるいは逆に肘の高さを掴まれた手首よりも低めにすると、合気上げが容易になります。どうしてそうなるかと言えば、手を上げようとする場合に、手首が肘より低いとどうしても手首に力が入りやすくなってしまうからです。

手首が肘よりも高ければ肘主導で腕を上げやすくなり、手首に力を入れないで腕を上げるのが容易となるため、合気上げが易しくなるのです。ここまでのステップをクリアしてきた皆さんには、それが容易に分かることと思います。

ここでのノウハウ（ヒント）は「肘の高さ」。両肘の高さを、掴まれた両手首と同じか、それよりも低くなるように下げることで、手首に無用な力が入ることを防げます（上写真）。肘の高さは、僅かに下がる程度で十分です（左写真）。

以上でほとんどの人が原理1による（相手を反り返らせる）合気上げができるようになったことと思います。

合気上げは前にも述べましたが、これを実現するための原理は幾つもあって、とても奥が深いものです。以降のステップでも、他の原理を用いた合気上げの方法を解説しますので、楽しみにしていて下さい。

相手を立ち上がらせる合気上げ

相手を反り返らせる合気上げができるようになったら、今度は〝相手を立ち上がらせる合気上げ〟もやってみましょう。こちらのほうが少々難しくなりますが、コツさえ掴めば簡単にできるようになります。

（1）掴まれた手首に力を入れずに両手を持ち上げるが、それを相手のほうへ押し込めば反り返らせる合気上げになる。
そうせずに両肘を自分の体の脇から離さず、親

相手を立ち上がらせる合気上げ

相手を反り返らせる合気上げができるようになったら、今度は相手を立ち上がらせる合気上げをやってみましょう。

上の 03 ～ 04 は受を反り返らせる合気上げです。こちらの肘の動きと、右の「相手を立ち上がらせる合気上げ」の時の肘の動きの違いに注目してください。

両腕を上げる際、親指を中心に手の平を自分のほうへ縦回転で回すようにしながら近寄せると、受は反り返らずに両肩が持ち上がります（01）。そのまま上げていけば、導かれるように自ら立ち上がります（02）。手の平と体の軸は常に平行に、垂直をなすように。

指を中心として手の平を自分の体の側へ回すようにしながら近寄せると、相手は反り返らずに両肩が持ち上がる。手の平を回す際、体と手の平とのなす角度は垂直に保つ。

（2）相手の両肩が十分に上がったら、そのままの形を保ったままで両腕を真上に持ち上げていく。

（3）相手は抗しきれずに、掴んだ部分で導かれるようにして自ら立ち上がる。

以下は、この方法を実践した焼津支部の伊沢二段からのコメントです。彼はいつも奥さんに相手となってもらって、合気術の稽古を自宅で熱心に実践しています。

［反り返り合気上げはできたので、立ち上げ合気上げに挑戦しました］

妻が捕、私が受となって練習しました。

妻が相手（私）を上に上げようとした場合に、どうしても自分（妻）の両肩が上がってしまい、私は上に立ち上がりません。それで、妻にはまず思いきり相手（私）の両肩を上に上げさせ、それから自分（妻）の肩を下げるのとまったく同時に両手を上げさせたところ、相手（私）が上がりました。

以前に、妻に力の抜き方を教えるのに、最大限に力を入れさせ、そして抜くのをやった時と同じ理由でしたが、座っていた私が思わず立ち上がったのにはびっくりしました。

この伊沢二段の解説中で「自分（妻）の肩を下げるのと、まったく同時に両手を上げさせた」とありますが、相手を立たせようとするあまりに自分の両肩を上げようとする癖が付いてしまったので〝自分の肩を下げる〟ことを意識的にやっているわけです。しかし、そのような癖が付いていなければ、両腕をそのまま上げるだけで十分です。

なお、この〝反り返らす合気上げ〟と〝立ち上がらせる合気上げ〟ですが、両者の違いはあくまでも掴まれた腕を上げる際の腕の上げ方の違いによるもので、

〝相手の両肩を持ち上げて相手を崩す〟という本質的な点では同じです。

ただ、相手を反り返らせる合気上げのほうが、習得は簡単になります。違いはただそれだけで、それ以上に重要な違いはありません。■

静岡県焼津支部の面々（2014 年）。後列左端から伊沢二段、小野二段、著者、立花支部長、八木二段。前列は当日特別参加のブラジル人たち。

レッスン
Lesson8

原理1

「無意識動作法」で難易度の高い技へ

通信教育の苦い思い出

2010年から始めた柔術の通信教育ですが、支部を認可した後で閉鎖したところが2箇所あります。教えた期間が短い順ではまず南米のチリ支部。これは実際に指導が始まらないうちに閉じました。人を見る目がない私の不徳ゆえです。

チリで〝柔術〟を指導しているという〝柔術七段〟の人から、ぜひに逆手道を教えて欲しいとのコンタクトがあり、最初はかたくなに断り続けましたがなかなか諦めず、その熱意を買って指導することにしました。

彼はすぐに自分のウェブサイトに逆手道のことを載せ、日本伝統の柔術の指導を受けていると宣伝し始めました。ところが教材と練習方法とを送ったにもかかわらずなかなか実際の練習が始まりません。進行状況を報告するように催促しても「夏休みで人が集まらない」と言い訳を繰り返すばかりです。

3か月辛抱強く待ちましたが結局、何の練習も行わないままなので最後通告をしたら、旅費持ちでチリへ招待するからぜひ指導しに来て欲しいとの返事をよこして、肝心の練習開始の予定はまったく書いてありません。彼の真意がようやく分かり、幻の〝チリ支部〟は閉鎖しました。

どうやら生徒を多数引き連れて参加すれば、それだけで日本人の先生から（高）段位認定を受けられることを期待しての参加だったようです。おそらく彼の〝柔術七段位〟もそうして得たものだったのでしょう。

二番目に長いのが1年半教えたイタリア支部でした。日本の上部団体に属して居合道を教えている人でしたが、かなり熱心に練習を続けたので1年少々で初段まで進みました。

彼は〝逮捕術〟というシステムもマスターして弟子たちの指導もしていましたので、元々の素養もかなりあって教えるのも円滑に進みました。

ただ、教え始めてすぐに気がついたのですが、やはり日本のきちんとした上部団体からの指導を受けていない〝柔術〟なので、指導者になっているとはいえ肝心のノウハウがまったく無く、技もシャープさに欠けるものばかりです。毎回こちらが指導して教えるノウハウに彼も非常に感謝していました。

ところが二段技に入ったところ、途端に慢心しきってしまいました。送られてきたビデオを見てそれが見て取れてがっかりして、初めて苦言を呈しました。

それまでは悪いところがあっても強くは指摘せず、やんわりとぼかしながら直し方を教え、欧州流に〝褒めながら伸ばす〟ことに留意してきたのですが、そのビデオを見て初めて明確に〝そんなものは柔術の技ではない、駄目だ〟というコメントを送りました。黒帯を認可したのですから、当然、分かって当たり前と考えたからです。

ところが、ただ一回の明快な駄目出しで彼は完全にやる気を失い、私のメールへの返信もよこさず、彼のウェブサイトに載せていた逆手道の紹介ページも突然に消されてしまいました。

　日本のきちんとした団体からではない〝柔術〟の高段位を受けている人は、たとえ真のノウハウを会得していなくともプライドだけは高いので、どんなに熱心に請われても指導するのは止めたほうが良いという教訓を得ました。

Step15 少し難しい技に挑戦──1

　さて前レッスンでは原理1を合気上げに応用しましたが、本レッスンでは原理1をさらに難しい技に応用してみましょう。

小手落し投げ小手不動

（受（うけ）、捕（とり）　共に正立、正対）

受：右足を半歩前に踏み出し、右半身となって右手で捕の左襟を取りにいく。

捕：左足を半歩引いて右半身となり、取りに来た受の右腕手首を下から押さえる。

捕：受の右腕手首を左手で下から押さえたまま、こちらの右腕で受の右腕を上から押さえ、接触したこちらの右腕に直接力を加えないようにして相手の右腕を下方に落とす。

受：抵抗できずに腰から下方へ崩れ落ちる。

捕：崩れ落ち始めたら両の手を使って受を反時計回りに水平に回転させ、うつぶせ状態として右手を極めて不動。

▼解説

　この技は元々逆手道の柔術技で、柔術技では受を下へ崩すのにまず体捌きでこちらの体を右半身にして受の右腕を引っ張り寄せて崩し、さらに捕の右腕に体重を十分に載せて力を入れて相手を回し倒します。

　ですから体捌きが十分でない場合は、いくら右腕に力を加えて受を圧迫しても受は倒れません。

　しかし、そのように受が崩れずに頑張っている状態

小手落とし投げ小手不動

01 ～ 02 左襟を掴んできた受の右手首を、左手で下から支えるように掴み、右腕を受の右腕に軽く添えます。
03 ～ 04 軽く添えた右腕を、受の体全体に力が伝わるように押し下げます。この時、力を込めて押し下げると受にブロックされてしまいます。
05 ～ 06 捕の力を接触部ではなく、体全体で感じた受は抵抗できずに引き倒されるので、そのまま体を返して、小手不動で極めます。

でも、合気術を使えば受は抵抗できずに腰から崩れ落ちます。

重要な点は、こちらの右腕が接する受の右肘の内側へ力を作用させることなく、受の体全体を沈められるかです。

これは受の右腕を下から支え、上からこちらの右腕を当てた状態で、何度も何度も意識しながら力を加える訓練を重ねて体得するしかありませんが、その体得を容易にする方法を以下に説明します。

◆簡単にできる方法1

この技では、力で押しても相手が崩れない時は、左頁の写真で示すように、自分の膝を屈して自分の体を落とすと相手は容易に崩れます。上記の技がまったく同じ状態で実現できるわけです。

つまり両膝を屈して自分の体を下へ落とすことにより、押さえた右腕の上腕部に力が加わらないように右腕を下へ落とすという原理1の効果を出しているということです。

◆簡単にできる方法2

（1）捕は受の右腕肘の部分を右手で上から押さえる。

（2）受は捕のその押さえた右手に力を加え、捕の右腕を下に押し下げる。

（3）受が加えた力は　受の左手↓捕の右腕↓受の右腕と伝達される。

（4）受は、廻りめぐって自分の右腕に伝わってきた自分の力に崩されて倒れる。

自分で加えた力で私は強力に下へ落とされます。まったく抵抗できずあっという間に自分で自分を倒す不思議な現象です。

これは自分の左腕に加えた力が相手の右腕を介して自分の右腕に伝わるため、どのような力が作用したのか認識できないので、防ぎようがなく、倒されてしまうからです。まさしく合気術の原理1そのものです。

これは読者の皆さんがすぐにでも体験できますので、ぜひ試してください。自分の力で自分が簡単に崩されてしまう不思議な現象を体験できます。

簡単にできる方法1

腕はそのままとして、両膝を屈し、体を沈めます（01〜02）。すると、受は苦もなく崩れ倒れます（03）。押さえた右腕の上腕部には直接的に力を加えないように、自らの右腕を下へ落とすということで、原理1の効果を出している方法となります。

—簡単にできる方法２—

01 まず、弟子に技を掛けさせます。
02 その右腕を、さらに私の左手で押し下げてやります。
03 〜 04 本当に軽く押し下げるだけですが、私の加えた力が弟子の腕を通して私へ返り、私は倒されてしまいます。

01

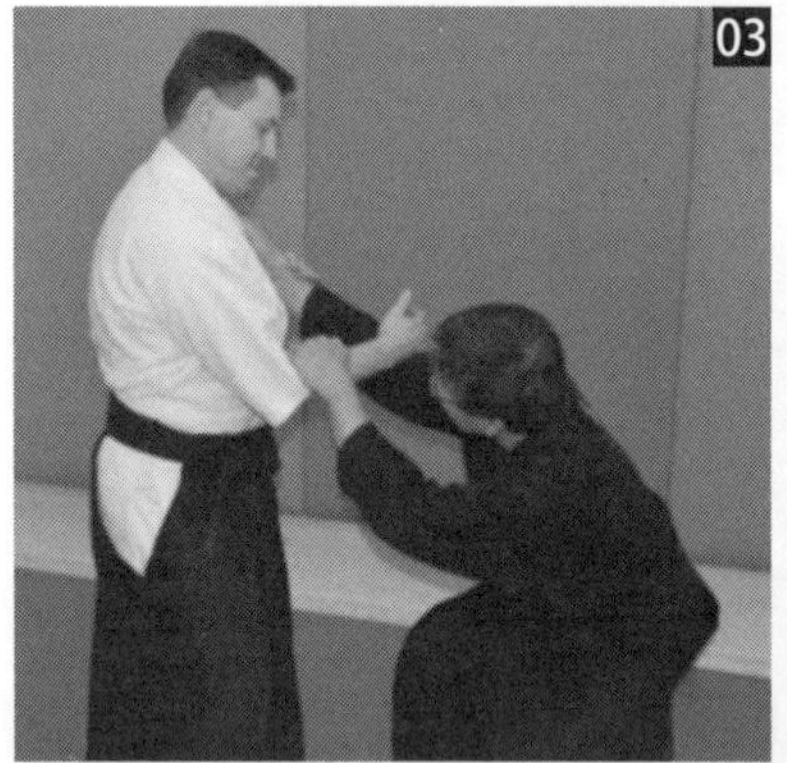
03

02

04

Step16 少し難しい技に挑戦――❷

袈裟とり合気倒し
（受、捕 共に正立、正対）

受：右足を一歩踏み出し、右手で捕の左袈裟、左手で捕の右肘部を掴む。
捕：こちらは右足を前に出して右半身になりながら右手で受の左袈裟、左手で右肘部を掴む（↓柔道の乱取り時の構え）。
捕：受の右側面へ体を寄せ、半身状態で向き合うようにする。
捕：右手と左手に力を加えずに、受の体全体を反時計回りに回しながら沈める。
受：抵抗できずに、自身の右側面へ倒れ込む。

▼解説

この技を考え出したきっかけは、ユーチューブで見た古流合気道、大和流体術の螺旋の崩しという技です。

これは、その例として柔道の乱捕りの際の組合姿勢から、螺旋状に回転するように両膝を段差をつけて屈しながら体を回していき、相手を崩すという技です。見た瞬間に原理1を使っているに違いないと確信しました。

そうであれば、膝の屈伸はあくまでも原理1を実現するための一つの方法にすぎませんから、相手を掴んだ両手に力を加えずに相手を螺旋方向へ押していけば良いと考えました。早速、弟子を相手に試したところ、見事に崩れて倒れてくれました。

この後でやり方を説明して弟子たちにやらせたところ、誰もできません。その理由は、螺旋の崩しでは組み合ってから、まず力で相手を無理やり半身にさせてから膝を折って螺旋運動を行うことが考えられます。

最初に私が行った方法は、同じく力で相手を無理やり半身にさせた状態から、原理1を使って相手を掴んでいる両手には力を込めずに相手を倒すものです。そのため、最初に思いきり力を入れた両手を、瞬間的に

―袈裟とり合気倒し―

この技のポイントは「相手を半身の状態とすること」。しかし、それを腕の力でやると、その後、腕に力を入れずに崩すという原理１の方法が取りづらくなります。

そこで、01 ～ 02 のように、自ら相手の横へ近づき、相手との相対的な位置関係で相手が半身と同じ状態となるように誘導し、そこから原理１をもって螺旋状に相手を崩していきます。

この時、腕の力で相手を回すのではなく、自ら螺旋状に体を回しながら沈めていけば、相手は比較的容易に崩れてくれます。

力を入れない動きに切り替えるのが、弟子たちにはできなかったのです。

そこで技を容易とするために、この力を切り替えなくて済むようにしたのが上記の方法です。つまり力で無理やりに相手を半身とさせるのではなく、こちらから相手の体へ近づいて行って、相対的な位置関係で相手の体が半身状態になるようにし、それから原理1を使って相手を螺旋系に崩せば良いのです。

この方法を教えたところ、弟子たちはすぐにでき始めました。さらにオリジナルの技と違って両膝を屈しませんから、脚が自由に使え、相手を崩した状態から大外刈りを掛けることもできます。そうすると、この技は非常に強力な技となります。

この技が難しい人のために

この技が難しいのは、相手を崩す際に相手を掴んだ両手と両腕に力を入れてしまうからです。そうすると原理1ができなくなってしまいます。

そのような場合には、腕に力を入れて相手を回して崩すのではなく、相手を掴んだ両手は単に軽く手が外れない程度に掴み、腕と相手の位置関係をそのまま保ちつつ、こちらの上半身を回しながら落としていけば良いのです。要するに元々の「大和流体術の螺旋の崩し」そのものとなります。

相手を掴んだ両手と両腕に力さえ入れずに、こちらの体を螺旋状に回していけば相手は造作なく崩れます。それを何回も繰り返して練習した後で、両腕に力を加えずに相手を誘導するような気持ちで回しながら落としてやればこの技ができます。

追記：不屈の精神性とは!?

レッスン6で私は「勝負の勝ち負けは物理的な優劣ではなく、気持ちで負けた時に最終的に負けてしまったことになり、そこで初めて負け犬となってしまうのです」ということを書きました。私はこのことをポーランドの歴史から学びました。

高校の世界史で誰もが「ポーランド分割」のことを

ロシアの支配から祖国ポーランドを独立させた救国の英雄、ピウスツキ元帥の像。ポーランド人の誇りは、他国からの支配に屈しなかった自信から生まれているのでしょう。

習います。ポーランドは近代に入り周囲の3強国、ロシア、プロシア、オーストリアから侵略を受けて国を滅ぼされます。中でもロシアの支配は過酷を極め、何十万人ものポーランド人たちが無理やりに罪を着せられて、家族ぐるみでシベリアへ流刑されます。

要するにロシアは安上がりで労働を強制できる奴隷労働者がシベリアの開発に必要だったのです。ロシアのむごい支配下にありながらポーランド人たちは膝を屈することなく、民族の誇りを持ち続けてロシアへの敵愾心を温めながら１２３年間にも亘って独立する機会を待ち続けました。

何度も反乱を起こして失敗し、そのたびに多くの人たちが殺され、あるいはシベリアに流刑されました。そしてロシア革命の際に支配力が緩んだ隙を狙って起こした反乱が成功し、ついに長年の念願であった独立を達成します。

そうして一度は独立したポーランドですが、第二次世界大戦では西からはドイツ、東からはナチスと結託したソ連に攻められてまたもや国を滅ぼされます。

〝敵の敵は味方〟という論理で、本来はナチスと結託して戦争を起こしたにもかかわらず、成り行きで連合国側になって戦勝国となったソ連に、むりやりに属国にされてしまいました。

それでもポーランド人たちは民族の誇りを失わず、最後までソ連に対する敵対心を失わずに1989年の再度の独立までソ連に対する抵抗を続けます。

造船所の電機工にすぎなかったレフ・ワレサ氏が率いる自由労働組合〝連帯〟の活動がソ連の指導する欧州社会主義体制の息の根を止める大きな原動力となったことを皆さんはまだ記憶しているはずです。その功績で後にワレサ氏はノーベル平和賞を受賞し、ソ連崩壊後に独立した自由ポーランドの始めての大統領に就任します。

ポーランド人たちは物理的には敗北して国を支配されても心までは支配されなかったのです。ですから独立を達成した後では昔の支配者であるロシアやロシア人に対して引け目を持ったり、あるいは卑屈さの裏返しに尊大で攻撃的な姿勢をとったりしません。過去に行ったさまざまな悪逆非道な行いに対してロシアは未だにポーランドに対して謝罪一つしていませんが、それをポーランド人たちはさして気に留めません。彼らには自分たちがロシアに対して決して膝を屈しなかったという強い誇りがあるからです。

他国によって支配された傷は、支配された期間の長さには関係ありません。たとえ支配期間が短くとも、自分たちの精神的な弱さから気持ちまで支配されてしまい、ろくに抵抗すらせずに言いなりとなってしまっていたのなら、その傷はたとえその後で相手から百万回の謝罪や多額の賠償を受けても決して消えることはありません。それこそがわが隣国が未来永劫に抱える根本的な問題なのでしょう。

■

レッスン
Lesson 9

原理3「目標設定法」をマスターする

逆手道継承者のユニークな趣味

私は2014年春に私の後継者、次期逆手道宗師を指名しました。私も60代半ばに達し、持病の腰痛や膝の痛み、さらにはリウマチの後遺症で思うように体が動かなくなってきたため、ちょうど良い機会と思って10年間のお付き合いとなるオランダ人の弟子に第三代逆手道宗師を引き継いでもらうことに決めました。70歳になるか、あるいはその前に寿命が尽きれば、彼に宗師を譲ります。

今の体調を考えれば、70歳では体の自由も利かなくなって、もう満足に弟子たちを教えることができなくなることが十分に予想できるからです。

私の後継者は、以前に『月刊秘伝』の不定期連載

「欧州日本武術事情レポート」で紹介したことがあるスチーブ（Steve van Nieuwenhuizen）先生です。

彼の父とその兄（スチーブ先生にとっては伯父にあたる人）は、初めて柔術を日本人から習ったオランダ柔術の草分けとなる人物です。その後、彼の父とその兄は別々に柔術の普及活動を始めて袂を分かち、第二次世界大戦で日本人の先生から指導を受けられなくなってからは、それぞれが別々の流儀を打ち立てました。

スチーブ先生はその後、父親の創設した「ナコニ流柔術」を道場と共に受け継ぎ、さらには井上貴勝先生が主宰する琉球古武道、そして私から逆手道を習うに至りました。彼は武術を教えて生計を立てている文字通りのプロの武術家です。しかし欧州に沢山見かける他の〝プロ〟の武術家とはまったく異なり、金銭に執着することがまったくありません。普通に暮らしていけるだけ収入が確保できればそれで〝良し〟とする、こちらでは本当に珍しいタイプです。

彼には非常にユニークな趣味があります。爬虫類が大好きなのです。道場の下には25平米くらいの地下室が作られていて、そこを温水池と滝が流れる熱帯パラダイスに作り変えて、1・7メートルに達するワニ4匹、40キロはありそうな巨大なワニガメ1匹を飼っています。

スチーブ先生は「かわいいでしょう」と言いながらワニたちが屯（たむろ）している池の中へ平気で入っていきます。池以外の場所には大小さまざまなガラス箱を沢山並べて、腕よりも太い大蛇から、噛まれたら10分で死んでしまうという体長20センチに満たない猛毒の蛇まで、大小さまざまな蛇を20種類ほど飼育しています。なぜ手放したか聞き忘れてしまいましたが、以前は毒蜘蛛のタランチェラも飼っていたとのことでした。

他の弟子たちと一緒に、初めて彼の自慢の〝爬虫類パラダイス〟を見学させてもらった際、見学に夢中になって地下室の中をあっちこっちと移動する他の弟子たちをしり目に、何かが起きてガラス箱が壊れて蛇たちが一斉に飛び出す事態となった場合を想定し、私だけは階段の手すりを持ったまま離さずに、熱帯パラダ

上写真は自らの道場で棒術を指導するスチーブ先生（左）。左上写真はそんなスチーブ先生の道場で、一番のお気に入りのワニである“アリ”君を抱いて御満悦のスチーブ先生。頭上の大蛇にも注目。左下写真は、練習後の懇親会に特別ゲストとして参加した大蛇君と戯れるスチーブ先生。弟子のダンサーである女性に自慢しています。もう一匹、手前の小さいほうの蛇は文字通り、とぐろを巻いて睡眠状態ですが、皆、引きつった笑顔（？）で、遠巻きに温かく見守っています。

イスを見学しました。他の弟子たちが大蛇に巻き付かれ、あるいはワニに噛まれて食べられてしまう隙に、私だけは逃げ出して助かるようにとの配慮からです。これも武術者のたしなみです（笑）。

Step17 原理3をマスターするための方法

さて、原理1の次は原理2なのですが、原理2は原理1とはまったく異なるものです。このレッスンの最初にも書きましたが、原理2は意識を使う割合が高く、その分、習得が難しくなっています。そのために、まずは原理2を飛ばして、原理3に入ります。

この原理3「**目標設定法：接触部分から離れた目標に力を加えて相手を崩す**」は、原理1と非常によく似ています。

違うところは、原理1では掴まれたところや掴んだところに力を加えずに手や腕をただ動かせば良いのですが、この原理3ではただ動かすだけではなく、こちらの力が掴まれた場所から離れた相手の体の一箇所へ直に伝わるようにイメージしながら腕や手を動かすことにあります。つまり原理1よりも、より強い意識を使って腕を動かすわけです。

例えば、相手に手首を掴まれた場合、その掴まれた箇所には力を加えず、その場所を介して相手の肩にこちらの力が加えられるようにイメージしながら、相手の腕をその付け根である肩のほうめがけて押し込むように動かします。

最初のうちはイメージの力が弱いので、相手が力いっぱいこちらの手首を握ってくると原理3の実現がどうしても難しくなります。ですから初めのうちは、相手には力いっぱいこちらの手首を掴むのではなく、腕がヘナヘナにならない程度に1／3くらいの力で掴んでもらうことが重要です。ただし、掴んでいる手首にこちらの力を感じたら、いつでも遠慮なくフルパワーでブロックしてもらいます。

ここでは掴まれた手首に力を加えずに、いきなり相手の肩へこちらの力が伝えられるイメージで腕を押し込むことが重要です。イメージした途端に気持ちが乱れて手首に力が加わってしまうと、力は掴まれた手首で止まってしまい、相手の肩まで伝達されません。技が有効に働いて力が意図どおりに目標に伝達されれば、相手は掴んでいる部分とは離れた体の部分にいきなり力が加えられるので、抵抗できずにヘナヘナッと崩れ落ちてしまいます。

では早速、この原理3を実現するための訓練の方法を説明します。

（1）互いに正座で向かい合い、両手首を掴まれた状態で、最初は左、次に右という具合に、片方ずつ順番に原理3を使って、掴まれた手首に力を入れずに相手の腕を押し込んで肩へ力を送り込む。相手は1／3くらいの力でこちらの手首を掴み、手首にこちらの力を感じたら、それを力

いっぱいブロックするようにする。

（2）正しく力が肩へ伝達されれば、受は左右の肩にその都度（つど）、突き上げるような力を感じて、力を受けたほうの肩がせり上がって崩される。

この練習で大切なことは左右の動きを何度も繰り返すことで、直接、力を相手の肩へ送り込む、腕の押込み方を会得することです。どうしてもこちらの腕の動きを相手にブロックされてしまう場合は、相手の力を1／3から1／4と、さらに抑え目にしてもらうと良いでしょう。

相手の肩が片方ずつ上がる動きが容易に実現できるようになるまで、繰り返し練習してください。以上ができたならば、今度は二人共に立ち上がって片方の腕を上げる訓練をします。通信教育門下生の一人、新陰流兵法の難波先生はこの動作を「タコ踊り」と表現していました。言い得て妙と存じます。

（受（うけ）、捕（とり）　共に正立、正対）

（1）受は捕の左手首を右手で掴む（順取り）。

（2）捕は左肘を軽く曲げて、掴まれた手首の位置が高くなるようにして、その状態で、力が受の右肩へ伝わるようにイメージしながら、掴まれた左手首、受の右腕を介して相手の右肩へ力を加える。

（3）伝えられた力で、受の右肩は押されて肩上がり状態となる。

力が正しく受の右肩に伝わらないと受の右肩は上がらないので、すぐ判別がつきます。その場合は受の右腕で力が止まってしまったのです。目標とする受の右肩にどれだけ自分の気持ちを集中できるかが、成功の鍵となります。

試しにこれを行う直前に、自由な右手を使い、目標となる受の右肩を自分の右手の人差し指で軽く押さえます。その直後にこれを実行すると、上手くいく確率が格段に上がります。これは目標を指し示したことで、意識する力が強くなるためと考えられます。

「原理3」を実現するための訓練方法

原理3は「実際に相手と接触した部分より、離れた目標へ力を直接加えることで相手を崩す」もの。
まずは、両手首を掴んでもらい、最初は片手ずつ左、右と順番に、掴まれた手首には力を入れずに、それぞれの腕の付け根、すなわち左右の肩へ力を送るように、相手の腕を押し込んでいきます(01〜02)。

正しく力が肩へ伝達されれば、受の肩はその都度、突き上げられるようにせり上がり、大きく崩されることとなります。大切なのは、左右の動きを何度も繰り返し、接触部とは違う目標へダイレクトに力を送り込むコツを掴むこと。どうしても上手くいかない場合は、相手の力を少し緩めてもらって挑戦してみてください。上手くいくと、相手はグニャグニャの骨抜きのようになります。

座ってできたら、今度は両者立ち上がって、片手を取られたところから、直接相手の肩へ力を伝えるイメージで腕を上げてみます（03）。すると、相手の肩が持ち上がり始めます（04）。

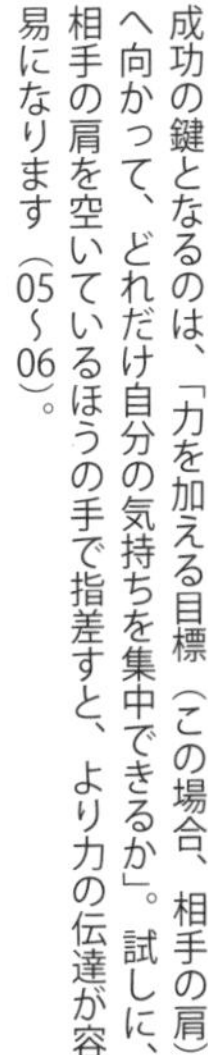

成功の鍵となるのは、「力を加える目標（この場合、相手の肩）へ向かって、どれだけ自分の気持ちを集中できるか」。試しに、相手の肩を空いているほうの手で指差すと、より力の伝達が容易になります（05〜06）。

これこそ、合気術が「意識の力」といわれる所以でしょう。

▼補足

前回の第16ステップまで進んでくれれば、原理1による合気術はかなりのレベルまで使えるようになったはずです。しかし、今回の第17ステップからは異なった原理3による合気術となります。したがいまして、前回まで上手くいっていた合気術が急に上手くいかなくなったような感じになると思います。違う原理を学ぶわけですから、いきなり上手くはいきません。上手くいかなくて当たり前なのです。

レッスン1を始めた時のことを思い出して、上手くいかなくともがっかりせず我慢強く取り組んでください。既に一つの原理で合気術が使えるようになっているのですから、二番目の原理の習得は最初よりももっと容易なはずです。

Step18 実際の技で試そう――1

片襟腕一条不動

（受、捕 共に正立、正対）

受：右腕を伸ばし、右手で捕の左襟を掴む（順取り）。

捕：掴んできた受の右腕を両手で掴み返し、受の右腕を介して、その右肩へ力が直に加わるよう、受の右腕を両手で押す。

受：その力を右肩へ受けて、肩が後方へ崩れる。

捕：そのまま受を後方へ押し込み、膝行して時計回りに回り込み、受の右腕を伸ばした状態で床に押さえ込んで、一条不動。

▼解説

これは元々逆手道にある柔術の技ですが、受の腕を押して崩す動作に合気術を応用したものです。合気術が使えれば、この技はとても簡単になります。

片襟腕一条不動

受は捕の左襟を右手で掴んできます（01）。捕は相手の右手首を左手で下から、右手では上から掴み返します（02）。そのまま捕は相手の右肩へ力を送り込むようにして、右腕を押します（03～04）。大した力は要りません。相手はあっけなく崩れますから、それを右へ引き倒します（05）。最後に腕一条不動に極めます（06）。

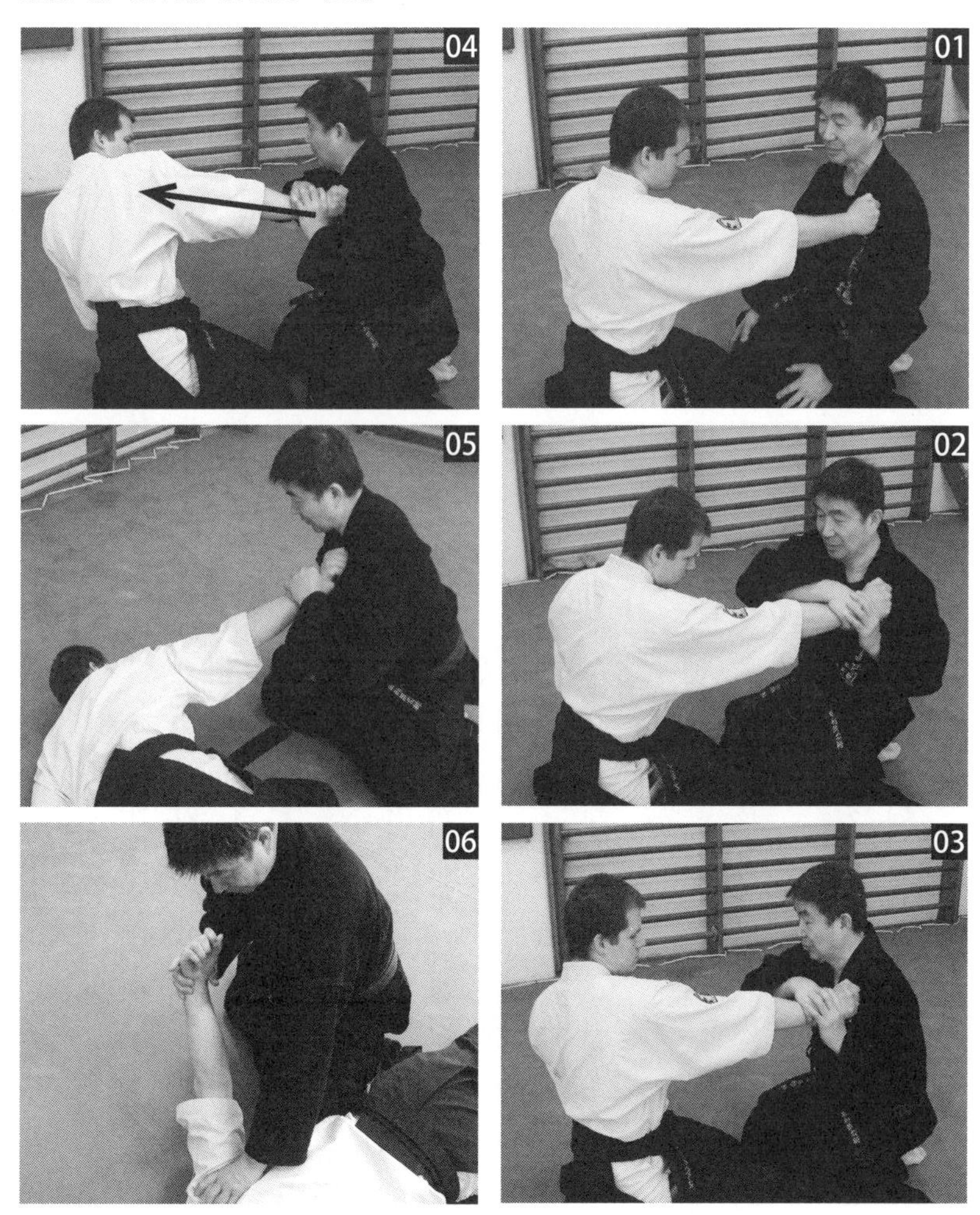

重要なポイントは、両手で掴んだ受の右腕を押し戻す際、力の目標をぴたりと受の右肩に定めておかないと、単に受の右腕を押すことになって受は抵抗できますからぜんぜん崩れません。したがって技もまったく効かなくなってしまいます。逆に力が念じた通りに受の右肩へ伝播されると、大した力を要せずに受はあっけないほど簡単に後方へ押し崩されてしまいます。

なお、後方へ押して崩すのと、腕を引き回してうつ伏せにする動作は一動作で行います。加える力の方向は、最初は受の後ろへ方向を定め、受が崩れると同時に肩を引き回す方向に一瞬で切り替えます。

この技が極まった時、あっけないくらいに簡単に受が崩れてくれるので、自分でもあっけに取られることと思います。本当に自分でも信じられないくらいに僅かの力で相手が崩れてくれるのです。〝崩す〟というより、相手が自ら崩れてくれる、そういう感じです。この技ができるようになると、合気術が本当に楽しくてたまらなくなることと思います。

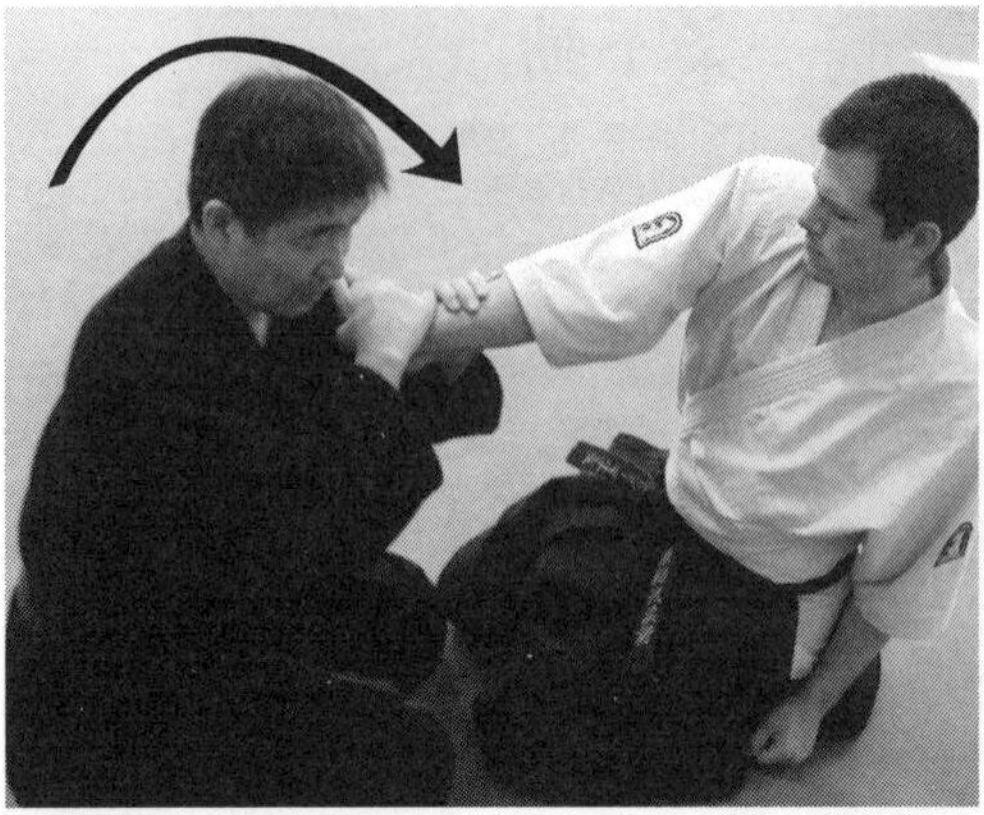

柔術の場合、捕は右肩を中心として大きく肩を回し、作用点の左肩へ力を集中させるモーメントを利用して、相手を押し込んで崩します。

▼補足

柔術でこの技を行う場合、決定的に違うのは受の崩し方です。

柔術では受の右腕をこちらの体全体の力を使って押し込んで、受の上半身を崩します。この際、捕は右肩を回転の支点とし、肩幅を回転半径として肩全体を時計回りに回して、そのモーメントを利用して受けの腕を介して受けの右肩を押します。

単に肩と肩の押し合いではなく、捕はモーメントの力を利用し、そのうえ、回転中心を〝頭部〟ではなく〝右肩〟とすることで2倍のモーメントを生み出すわけです。それが柔術技のノウハウ（口伝）となります。

合気術で崩す場合と比べて必要な力がどう変わるか、ぜひ体験してみてください。

追記：愛弟子の成長

私はオランダの地で暮らした26年間に逆手道を現地の人たちに教え続けてきました。その間に教えた人の数は１００人ほどになりますが、師範レベルまで到達してくれた弟子は、私の継承者で、この項でもって改めて紹介したスチーブ師範八段位を筆頭に、テオ師範六段位、スチーブン師範代、マルテンス師範代、パイパース師範代の五人となります。

テオ師範は、ユトレヒトで急所術と少林寺拳法（日

上写真は自宅の庭にて居合道を学んでいる奥様と並ぶテオ師範。左写真はテオ師範のユトレヒトの道場にて、助教のヤレック三段を相手に技を指導するテオ師範と門下生たち。

本の少林寺拳法とは別物）を習っていましたが、ユトレヒトで道場を開いて逆手道を教えていたパイパース師範代のところに入門し、まもなく本部道場の会員ともなってずっと10年間、逆手道の技を研鑽してきました。パイパース師範代が家庭の事情で逆手道を続けられなくなってからは彼の道場を引き継いで、自身の七人の弟子たちを育成しています。

　入門してきたころは腰も安定せずに私の〝でき立て〟の弱い合気術にも面白いようにコロコロと掛かってくれたのですが、いつの間にか重心がすっかりと安定し、体重も増えて理想的な体型となり、私の強さを増した合気術にも掛かりづらくなってきています。先日には少林寺拳法も四段へと進めたと報告があり、居合道を習っている奥さん共々、日本武術に益々と傾倒を深めていってくれるものと期待しています。

■

レッスン
Lesson 10

原理3 「目標設定法」を実際の技へ適用

キャリア60年の合気初心者

通信教育も含めると50人くらいの数になる私の直弟子中、一番の高齢者は79歳になるオランダ人のヤン・ブランド（Jan Brand）先生です。彼は合気道六段（合気会）で自分の道場を持ち、いまだにバリバリの現役で弟子たちを指導しています。

私の合気術コースに参加するきっかけとなったのは、2014年4月にオランダのデン・ハーグで開催されたオランダ武術連盟主催のセブン・マスターズと称する武術デモンストレーションにて披露した私の合気術を見たことです。私のワークショップが大変好評だったため、その後で10回連続の公開セミナーを開催する旨を発表すると、彼も早速にその連続セミナーに参加してきました。

その後、毎月一回開催される連続セミナーに一回も欠かすことなく全回出席していただけました。真っ白な白髪が素敵なご老人ですが、最初は本当の歳を聞いて驚きました。動きは素晴らしく敏捷で、また両腕の力のすごさは、私の4倍はあろうかと思われるほどで並大抵の強さではありません。

彼のその力ならば、どんな技でも相手は抵抗できずに投げられるはずです。実際に練習が始まると思った通りに、ブランド先生にとって一番難しいのは〝いかに力を抑えて意識で体を動かすか〟でした。力が桁外れに強いので、いくら〝最小の力で〟と指導しても、私などでは止められないほどの強力な力で腕が動かされるのです。

そのようなわけですから、練習の際は毎回彼の所へ行って、彼を相手にどの程度に僅かな力を掛けるべきなのかを実際に体験してもらっていました。

合気道では60年のキャリアを誇るブランド先生ですが、意識で相手を崩す合気術に接するのは今回が初めての体験となり、毎回新しいことを教えるたびに非常に喜んでもらいました。

白髪白髭でオランダ合気道界の重鎮でもありながら、合気術への情熱を絶やさないヤン・ブランド先生。

Step19 実際の技で試そう――2

片腕胸当て合気倒し

（受、捕 共に正立、正対）

捕：受の左横へ回り込み、直角に対する。次に、右手を手刀にして右腕を真横に伸ばし、上腕部を受の胸に接触させる。

捕：力が受の腹に伝わるようにイメージして右腕で受を後方下向きに押す。

受：抵抗できずに後ろへ倒れる。

▼解説

この技はその昔に講道館柔道の三船久蔵十段がしばしば演じて有名となりました。接触した部分にダイレクトに力を加えると、受の強い抵抗に遭って倒すことはできません。

同じように右腕で相手の胸を押すのでも、単に胸を押すのではなく、力が相手の腹へ加わるイメージを強く持って押すのです。そうすると受は腰砕け状態となって簡単に後ろへ倒れてくれます。相手の胸を押す力は大した力ではありません。

先生によってはこの技を「初めに胸を水平に押し、すぐに力を真下に降ろすように加える、あるいはそれを同時に行うとできる」と説明されていますが、これはまさしく腕の力を腹へ加える方法の一つです。水平と垂直のベクトルを合成すると斜め後ろに向かう力となり、それはまさに相手の腹へ向かう力となるからです。

またこの技は後述する接触系の原理2を使った合気術でも実現できます。その場合には相手は大木が切り倒されるような動きで倒れていきます。

この技を練習するには以下の方法を勧めます。

（1）まず右腕を受の胸に当て、接触点に力を加えないようにして右腕全体で受の胸を2～3センチ後方へ押し込み、次に斜め下向きに押し下げる。これで受は腰砕けで崩れる。

（2）上記（1）で後方へ押し込むのと下方へ押し下げる動作を同時に行う。

（3）右腕を受の胸に当てると同時に上記（2）の動作を行う。

片腕胸当て合気倒し

01 力が相手の腹へ向かうようにイメージして腕を押します（下の 04 ～ 05 の動きを参考に）。
02 ～ 03 相手は力を腹に受けて、腰から崩れて倒れます。

04 ～ 05 は、まず後方水平への押し込み（04）から斜め下方（腹部方向）への押し下げを連続して行う練習の第一段階。

在りし日の講道館柔道、三船十段の演武。講道館「五の形」の一つだが、理合としては「原理3」と同じ意識操作が使われています。

Step20 実際の技で試そう——3

片腕合気倒し

（受（うけ）、捕（とり） 共に正立、正対）

受：右足を一歩踏み出し、右手で捕へ上段手刀当て。

捕：左足を引き（あるいは右足を出して）右半身となりながら、右手で受の上段手刀当てをブロック、左手で受の右腕上腕部を押さえ、体を時計回りに転身して腕極め。

受：右腕を極められながらも力で対抗し、倒されるのを防ぐ。

捕：受の右肘の裏に置いた左手に力を込めることなく、力が受の腹へ向かうように意識してそのまま下へ押し下げる。

受：どこから力が伝えられたか感知できず、抵抗できずに腰から崩れ落ちる。

捕：床に倒れた受の右腕を一条不動に極める。

▼解説

倒れまいとして抵抗する受を下へ崩すには、単に左手に力を加えてはまったく逆効果です。左手から相手の重心へ向けて力を送り込むつもりで、軽く左手を押すだけで十分です。

簡単にできる方法（原理1の応用）

（1）受の右肘裏に左手を置いたままで力を加えずに、両膝を屈して体を沈める。

（2）受はそれに抵抗できずに一緒に崩れ落ちる。

手を取っての指導法（原理3）

弟子の手の上に私の手を重ね、その状態のまま受の腹へ力を作用させるように弟子の手を介して受の腕を押します。

残念ながらこの指導は、実際に手を取って教えなければいけませんから、通信教育ではできません。1年に一回催す合同セミナーで実際に手を取って教えられる機会を設けます。

片腕合気倒し

写真 01 ～ 04：受の上段手刀当てを捕は同じく右腕を上げてよけます。そのまま受の右手首に右手を掛け、左手は受の右上腕部を押さえて右肘の自由を奪いつつ、時計回りに背後に回って腕を固めます。この時点で受は倒されまいと踏ん張っています。

写真 05 ～ 06：捕は受の抵抗を感じつつも、左手には力を入れずにそのまま力が受の腹部方向へ向かうように意識して腕を押し下げると、受は抵抗できずに、あっけないくらい簡単に崩れ落ちます。捕はそのまま地に伏した受の腕を一条不動に極めます。

同じ原理３を使う技でも、手を押す方向に目標点がある腕を押す原理３の練習で行った肩上げ、ステップ17の片襟腕一条不動と比べると、ステップ19と20では力を伝える目標点が手と腕を動かす方向にありません。ステップ19と20では、目標点が腕を動かす方向から外れる度合いが強くなるので、さらに難しくなります。

ステップ20で原理３が上手く使えなくとも、原理１が使えて実現できればこの段階では〝良し〟とします。たとえ今はできなくとも、原理３での実現は先に進むうちにできるようになるので、安心してください。

この方法で教えられた弟子たちは力の入れ具合が体感できるのですぐにでき始めます。以下（左頁左列写真）は焼津支部の伊沢二段が立花二段を崩している場面です。

それからもう一つ、この技は原理３を使いますが、文中でも解説した通り原理１でもできます。その理由は後ほどご説明します。

最後にもう一つ重要なノウハウ

相手を半屈服させた状態で両腕に力を入れずに相手

簡単にできる方法

（原理１の応用）

腕を極めた体勢から、捕は受の腕はそのままにして両膝を屈し、体を沈めます。すると、片腕合気倒しとまったく同じようにして受は崩れ落ちます。

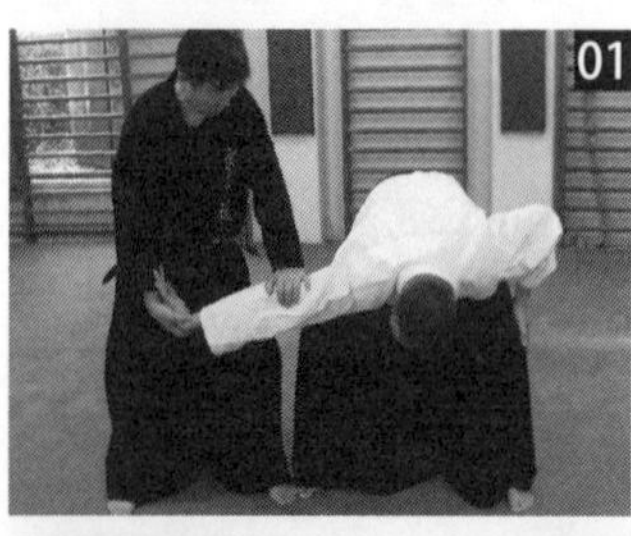

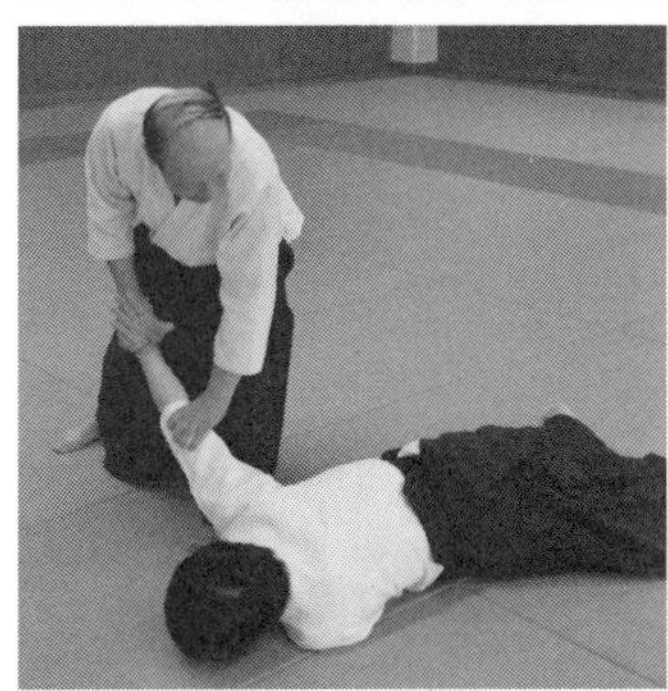

手を取っての指導法

（原理３）

腕を極めた捕の手の上から私の手を重ねます（01）。重ねた手の上から力を込めずに、受けの腹へ力が向かうように押し下げると、受は崩れていきます（02～03）。実際に相手を崩した捕も、私の手から伝わる力の軽さに驚きます。

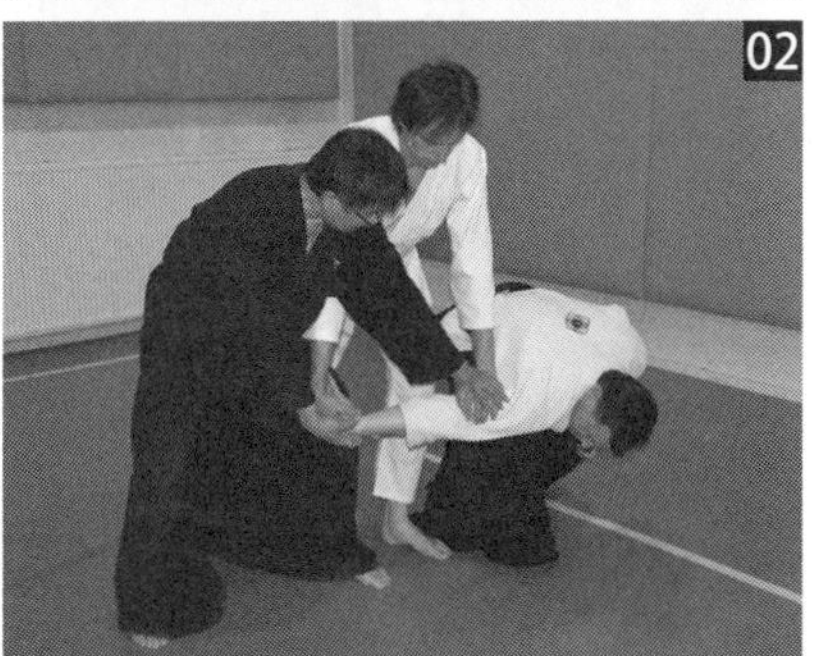

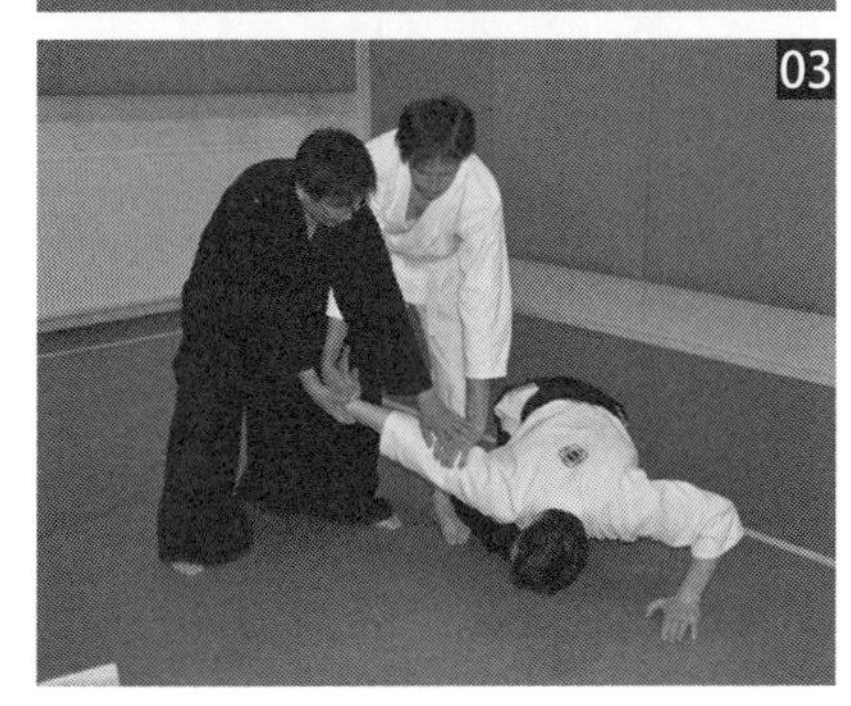

焼津支部の伊沢二段による片腕合気倒しの様子。彼は上記「手を取っての指導法」で感覚を掴み、力の入れ具合を体得しました。

を原理1、あるいは原理2を使って気持ち前方へ押します。その後でこの技を掛けると非常にかかりやすくなります。

次のステップから原理2へ入りますので、原理2が使えるようになったら、このことを思いだしてぜひ試してください。

余談：金儲け主義の武道教授

嘗て武道を通じて友人となったオランダ人と一緒に、欧州全土から有志の先生たちを募ってワークショップを開こうと企画したことがありました。

お互いに知っている各地の指導者たちに声をかけたところ、彼が声を掛けたドイツに住んでいる古流柔術の指導者から〝拒否〟の返事が届きました。その理由は本人から届いたメールによれば、彼は〝プロフェッショナル〟な柔術指導者なので、報酬を支払われないボランティア活動には一切参加するつもりはない、ということでした。

その返事に私は大いにがっかりしましたが、彼を推薦したオランダ人の友人は「彼は多額のローンを組んで長年の夢だった道場を建てたので、返済のために少しでも金を稼がなければならないので仕方がない。ワークショップ参加は無理だけれど、貴方が書いている『月刊秘伝』の連載記事に紹介してあげられないか」と言ってきました。

もちろん、私は即答でその申し出を断ったのですが、その一件が原因でその友人とはそれ以来疎遠となってしまい、もちろんワークショップの計画も止めになってしまいました。

これは武道家としてまったく悪いケースで、道場を建てた借金返済のために少しでも高い月謝を払ってくれる弟子が必要となるのは本末転倒で、本来は弟子を教えるために道場が必要なのを順序がまったく逆転してしまった例です。オランダに限らず、このような順序が逆の考え方をする武道指導者に本当にしばしば出会います。

もし武道家が金儲け第一主義に駆られてしまったら、

その教え方にその影響が真っ先に現れます。当人自身もその技を習得するのにおそらく多額の月謝を支払ったことでしょうから、その莫大な〝投資〟を回収するためには少しでも多くの月謝を弟子たちから回収しなければならないと考えるのは当たり前のことなのかもしれません。当然のことながら彼らは、いかにして効果的に金儲けができるかを第一義として考えるので、一番大切なことは生徒に教えず、できる限り長く生徒たちを教え続けられる、つまり、より多くの月謝を少しでも長い期間に亘って払わせるようにします。

　自分が会得した技が巧妙で難しくなればなるほど、教えるのも教わるのも大変な労力を要することになるので、そのような技を教える武道を会得することはそうした金儲け第一主義の連中には好都合となります。

　先生というものは弟子を教えることによっても、自分のレベルを上げることができるものです。真剣に教えようとすればするほど、自分もそれだけ向上できるのです。

　ところが金儲け主義の人間は、教えることは自分と弟子とのレベルが近づくことだと考えているので、一生懸命に教えれば、弟子たちに自分のレベルまで追いつかれてしまうのが早まると考えます。そうすれば弟子は離れていき、悪くすれば同じ〝市場〟での競争者（ライバル）を作ってしまうことになると恐れます。したがってそういう連中は決して弟子を真剣に教えようとはしません。

　こうした輩は柔道や合気道など、きちんとした上部団体が確立されている武道では現れる余地はほとんどないのですが、柔術や空手のように細かい団体が乱立し、それがさらに分裂して各人が自分の流派を興している場合には、歯止めを掛けるものがないので増殖してしまうことになりがちです。欧州や米国で数えきれないくらいに大量発生している自称〝宗家〟を名乗る連中のほとんどがこの手の輩と断じても間違いないでしょう。

■

レッスン
Lesson 11

原理2 「合気接触法」をマスターする

技の鍛錬以上に大切な心構えの習得

文豪・吉川英治の『宮本武蔵』や司馬遼太郎の書いた数々の歴史作品を読むと、武術者としての心構えはどうあるべきかがよく分かります。いまさら私ごときが講釈する必要も有りませんが、要するに一回でも勝負に負けたらそれで命を落とすか、良くても一生不具で終わるかしかないので、勝負には絶対に負けないよう最善を尽くすということです。

勝負に負けないようにするためには、最初に自分の力量を正確に把握することは当然で、さらに相手の実力を的確に把握し、自分との力量の優劣を正確に測り、負ける勝負は絶対にしない、あるいは勝てない相手とは勝てるような状況を作れた場合にのみ勝負する、それに尽きると思います。また限られた時間で相手の力量を正確に測るためには感性を研ぎ澄ますことが必須となり、鈍ければそれができずに負ける勝負をして命を落とすことになります。武術を修練する以上は技の鍛錬はもちろんですが、技以外のこうした心構えを習得することはそれ以上に重要であることは間違いありません。

嘗て太平洋戦争を主導した日本の軍部指導者たちは全員が武術の訓練を十二分に受けていたはずですが、武術家としてのこうした基本的な心構えを会得した人はほとんどおらず、自分たちが絶対に強いと慢心しきってろくな戦略も立てずに、勝てるはずのない米国と戦争を始めて他国の人たちに莫大な被害を与え、祖国と同胞に壊滅的な損害をもたらしてしまいました。

通常では絶対に勝てるはずのない強大なロシアを相手にして、戦いに敗れた悲惨な状況まで頭に描きながら国の存亡を掛けて知恵を絞りぬいてあらゆる手段を駆使して必死で戦わざるを得なかった、日露戦争を指導した軍人たちの後継者たちとは到底思えないお粗末な人たちでした。

司馬遼太郎が本を書きたいと思ったきっかけは、戦争末期に戦車隊の小隊長として従軍していた時の体験からで、本来は国民を守るための軍隊が国民を犠牲にして自分たちの好きなことをやるようになってしまった状態を憂い、二度とそのようなことを繰り返させないために戦争を引き起こした傲慢で愚かな軍部指導者たちを糾弾するためでした。

〝自分こそが一番だ〟と慢心しきった傲慢な態度の武術家にも時々出会いますが、その相手が武術界では著名な人であったりすると本当にがっかりします。その逆で私などでは遥かに及ばない素晴らしいレベルに到達されているにもかかわらず、謙虚な態度をずっと貫かれている武術家に邂逅できた時は本当に嬉しくなります。

Step21 原理2をマスターするための方法

さて原理も1、3と習得しましたので、本レッスンでは原理2を学びます。**原理2「合気接触法：合気接触状態を創りだし幻覚させて相手を崩す」**というもので、相手に触れるか触れないか程度にごくデリケートに接触し、その際相手に自分の接触した手や腕が相手の体の一部であるという錯覚を生じさせ、相手が自分でバランスする自由を失ってしまう状態を創造します。この状態を合気接触と呼びますが、この合気接触ができた状態では相手も自分も同じように〝妙な気分〟となりますので、接触ができたかどうかが直ちに感知できます。

この原理に気がついたきっかけは、両肩合気落としの技を練習していた時です。相手の両肩に載せる手の力を幾通りにも加減して試していたら、ある瞬間に両手と両腕に〝ザワー〟という不思議な感覚が流れ、そして相手の抵抗力がなくなって両手が自由に動かせるのを感じたのです。それがこの原理に気がついたきっかけです。

練習—1

相手になる人に自然体で立ってもらいます。その人の背後に立ち、両肩にこちらの手をごく軽く載せます。最初は触るか触らないかくらい、そのまま5秒くらい保ち、〝ザワー〟という感覚が生まれない場合は触る強さを少しだけ増して同じように5秒間そのままで保持します。

接触する力をほんの僅かだけ増しながらこれを続けていくと、ある段階で触るほうも触られているほうも接触している場所、手と肩から全身に〝ザワー〟という感覚が走るはずです。その際の接触する力は皆さんが想定するより遥かに軽い力です。そのことに留意して、この練習を行ってください。

さて、この〝ザワー〟という感覚が得られたら、その接触圧力を保ったまま、決してそれ以上の力を加えないようにして、肩に置いた両腕を前後あるいは左右にゆっくりと動かします。そうすると相手はその腕の動きに付いて来て体のバランスを崩します。

この際に重要なことは、相手は抵抗も協力もしない

合気接触法

練習－1（正面から）

背後から肩に触れる練習ができたら、次に向き合って同様のことをします。向き合って行う際は、相手に目を閉じてもらうとやりやすくなります。01 肩に手を置き、"ザワー" という感覚が生じたら、02 それ以上の力を加えないようにして、相手の肩を前後、あるいは左右にゆっくりと動かします。下の写真では、向かって左側面に動かし（崩し）ています。背後から行う場合と同様に、肩に触れらているほうの人は、抵抗も協力もしないで、「自然体でリラックスして立つ」のがポイントです。

合気接触法

練習－1（背後から）

自然体に立ってもらった人の肩に、触れるか触れないかくらいで、背後から手を軽く載せます。その状態を5秒くらい保ち、"ザワー" という感覚が生まれない場合は、少しだけ触る強さを増して、同様に5秒くらいその状態を保ちます。ある段階で、触るほうと触られるほう、両者が接触している場所から全身に "ザワー" という感覚が生じます。この感覚が得られたら、それ以上の力を決して加えないようにして、肩に置いた両腕を前後や左右にゆっくりと動かします。

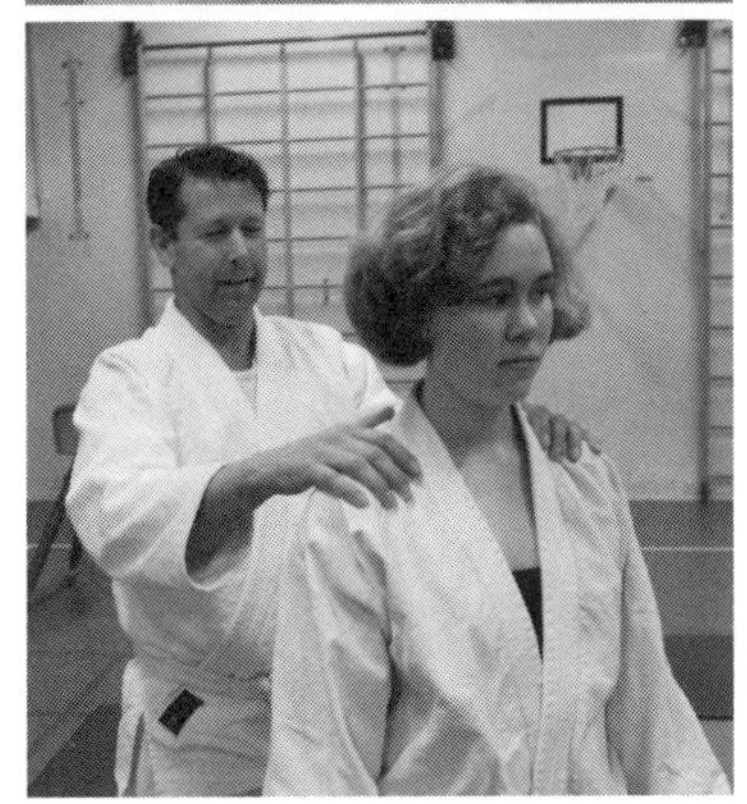

〝自然体でリラックスして立つ〟ということです。その状態ですと感度が増し、たとえ弱いレベルでも相手の合気接触ができたことを察知できます。ここで抵抗してしまうと相手の合気接触が弱い段階では察知できず、いつまで経っても原理2がマスターできないことになります。強いレベルになれば、相手が少々抵抗しても難なく相手を動かせるようになります。重ねて申し上げますが、受になる人は「抵抗せず、協力もせず」の原則を守っていただきたく。この点がこれまで練習してきた原理1や3との大きな違いとなります。

最初は相手を自分のほうへ引き寄せる、相手にとってはその背後へと倒される練習をするのが、この合気接触の練習としては一番入りやすい方法でしょう。背後から合気接触を創れたら、次は向き合って同じことをします。このほうが少し難しくなります。なお向き合う場合には相手に目を閉じてもらうとやりやすくなります。

なお、この合気接触を創るのが難しい人にはその人の手の上に私の手で触れて合気接触を創り、〝ザ

合気接触法

練習－1（手をとっての指導）

合気接触を創るのが難しい人には、その人の手の上に手を置き、合気接触を創り、″ザワー″という感覚を感じてもらいます。そうすることで、合気接触を創りやすくなっていきます。

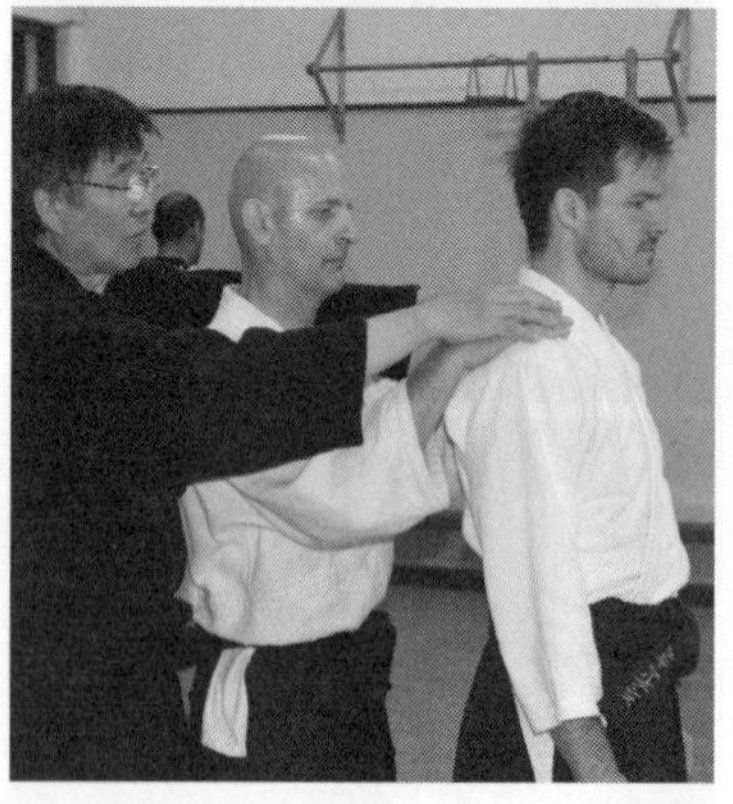

ワー〟という感じを体験してもらいます。そうすると合気接触を創りやすくなりますが、残念ながら通信教育ではこの感触を伝えることができません。

練習—2

練習—1で合気接触ができるようになったら、次はそれを触った瞬間に一瞬で創る練習です。相手の両肩にこちらの両手を触れたらすぐに相手を動かす（崩す）練習となります（130頁参照）。

練習—3

一瞬で合気接触が創れるようになれば、さまざまに応用が利くようになります。次の段階では動いている状態の相手に合気接触を創る練習です。

（1）静止して立っている捕のほうへ受は歩いて近づく。

（2）受が捕にぶつかる寸前で捕は受の両肩を前から触れて一瞬で合気接触を創り、受が自分にぶつからないように左か右へ受の体を誘導する。

（3）受は捕の誘導で進む方向を変えられ、そのまま進行方向を逸らされてぶつからずに通り過ぎる。

受が早めに歩くと、逸らされた勢いで受は反転してしまいます。写真（131頁の05）がその例です。捕は受の体を触る際、決して動きを止めようとして押さえてはいけません。力で押さえれば衝突となり、受の進行方法をごく軽く逸らすことはできなくなります。

練習—4

以上の練習でこちらへ向かって歩いてくる相手を左右自由に軽く逸らせることができるようになったら、次はこちらも静止状態ではなく相手に向かって歩いていき、ちょうどぶつかる寸前に相手を逸らせる訓練をします。こちらのほうはタイミングの取り方が前の練習と比べると遥かに難しくなります。

練習—3と4では、相手を逸らすのに絶対に腕に力を入れてはいけません。相手の体にこちらの両手を軽

合気接触法

練習－2

次に行うのは、相手の肩に触れた瞬間に、合気接触を創り出し、相手を動かす（崩す）練習です。01 02は触れた瞬間に後ろへ、03 04は向かって右側に相手を崩しています。

合気接触法

練習－3

次に動いている相手に対して合気接触を創る練習です。01 ～ 02 静止している捕（写真右）に向かって受が歩いてきます。03 受が捕にぶつかる寸前で、捕は受の両肩に触れて、一瞬で合気接触を創り、04 左か右に受を誘導します。05 受は進行方向を逸らされた流れのままに通り過ぎます。

く添えて相手の体ごと「ふわーっ」という感じで相手の進行方向を逸らすのです。

私はこの練習を〝懸かり稽古〟（一人の捕に対して他の全員が次々と懸かっていき、一巡したら捕を次の人に交代して同じことを続ける練習）を弟子たちに適宜行わせています。

なおこのような懸かり稽古は逸らす方向を固定せずにランダムに行わないと、お互いに馴れ合いになって自然と協力してダンスとなってしまい、それでは練習になりませんので、その点に気を付けています。

後記：ポーランドと日本の歴史的つながり

冒頭に司馬遼太郎さんの名前が出ましたが、私は司馬さんの作品が大好きで、中でも『坂の上の雲』は既に10回以上も読んでいますが、その中に興味深い箇所が有ります。日本軍が捕らえたロシア兵が勝手に日本軍の軍営内をうろついている様子が描かれています。そんなことはありえないのですが、いつもの司馬さんらしくなく勉強不足でその矛盾する描写をそのまま放置してあります。実はその兵隊はロシア人ではなく、ロシアの植民地となっていた当時のポーランドで無理やり徴兵されてシベリアへ送られてきたポーランド人だったのです。

日露戦争当時、ロシアの植民地とされていたポーランドでは独立を目指してロシアに反抗する活動が始まり、のちにポーランドの独立を主導する武闘派のピウスツキ（後に元帥）は、日本から援助を得てポーランドで決起してロシアを西と東から挟み撃ち攻撃をする提案をすべくロシアには秘密で日本を訪れます。

一方ピウスツキの計画は時期尚早と考えて、彼の提案を受けないよう日本を説得するため同じ時期にピウスツキの政敵であるドモフスキも日本を訪れます。結局日本政府はピウスツキの提案を受けませんでしたが、ドモフスキの出したもう一つの提案には合意しました。その提案というのは、無理やり徴兵されて自分たちには宿敵となるロシアのために日本と戦うことを強制されているポーランド人たちを助けて欲しいということでした。

具体的にはロシア軍から逃げて投降してくるポーランド人の安全を保障して保護して欲しいというものでした。早速、松山にある施設に投降してきたポーランド人たちを他のロシア兵捕虜とは別に収容（むしろ宿泊のほうが適切）することが決められ、その地名〝MATSUYAMA〟が投降してくるポーランド人たちをロシア兵と間違えて撃たないように決められた合図となりました。そして実際に多くのポーランド人が〝MATSUYAMA〟と叫びながら日本軍の陣営へと逃げ込んできたのです。

『坂の上の雲』で描かれていた〝ロシア兵捕虜〟もその一人でした。ですから敵側の兵士とみなされていないため捕虜として扱われず、自由に日本軍の陣営内をうろつけたというわけです。いまだに彼らをロシア兵捕虜として記述する文献も数多く見られ、ポーランドを第二の祖国と思うまでに大好きな私としては残念でなりません。

松山で〝収容〟されていたポーランド人たちは、収容所の宿舎にはもちろん鍵など掛けられず、松山市内へ出かけるのもまったく自由で、お客さんとして大切に遇されました。

日本海海戦で東郷元帥率いる日本海軍が当時では世界最強を誇ったバルチック艦隊を壊滅させた快挙が報じられると、松山にいたポーランド人たちは宿舎の前庭に全員が整列して日本海軍の大勝利を祝って万歳三唱をしたと、当時の日本の新聞が報じています。その時彼らは、その後のロシアの衰退とその結果祖国ポーランドが独立できる夢を描いて歓喜したのでしょう。■

ワルシャワの中心部に建てられたピウスツキ元帥の像。彼の名前が付けられたピウスツキ広場を挟むように、戦没者慰霊碑の反対側にあります。嘗て彼のもとで従軍して死んでいった彼の部下たちの霊に黙祷しているかのように、頭を少し垂れているように見えます。

レッスン
Lesson 12

原理2 「合気接触法」を実際の技へ適用①

弟子にして友人への思い

オランダに滞在した26年間で私が柔術を教えた弟子は100人を超えますが、その中で一番印象に残る弟子は、ベルギー人のスチーブン・ファース(Steven Vaes)です。

彼のことは『月刊秘伝』の「欧州日本武術事情レポート」でご紹介したことがあります。彼は八光流柔術、浅山一伝流柔術、のちに明府真影流手裏剣術を習い、日本武術を修めるために生きているような人でした。

彼はベルギーのモルという、土地よりも湖沼のほうが多い、とても風光明媚な田舎町に暮らしていました。千平米以上ある敷地には、近くに住む父親に手伝ってもらって自らコンクリートを捏ね、レンガを積んで作った、独立した本格的な武道場を建設していました。原子力発電所に勤務する傍ら、毎晩仕事を終えて帰宅すると、その自分の道場で修練を積んでいました。

たまたま私の柔術教室のことをウェブサイトで見て、ようやく定期的に日本人の先生から柔術が習えると、わざわざ250キロメートル以上もあるところから尋ねてきました。それ以来、彼は月二回の私の練習に毎回欠かさずにベルギーからオランダへと通ってきました。今どき珍しいまでの純粋な思いで日本の武術に打ち込む彼の姿は実に清々しく、弟子というよりは得難い友人を得た気持ちで、出会いに感謝しておりました。

自宅の道場で手裏剣術を指導する、在りし日のスチーブン師範代（右）。

ところがそうやって彼を教え始めてから4年が過ぎた時、ある日突然に彼の奥さんがフェイスブックにスチーブンが自動車事故で亡くなってしまったことを書いて連絡を絶ってしまいました。その記載内容を到底信じることができずに、悪い冗談であってくれれば良いがと思いつつ、彼とつながりのある武術関係者とも連絡を取り合いましたが、本当の出来事として受け入れざるを得ないことが明らかとなっていき、愕然としました。

私がポーランドで柔術のセミナーを開くと聞いて、わざわざ休暇をとってワルシャワまで手伝いに来てくれ、ついでに一緒にワルシャワ観光をした時の彼との楽しい思い出が次々と頭に浮かんで消えませんでした。毎回セミナーの初めには彼がドアを開けて「先生、渋滞で遅くなってしまいました、すみません」とニコニコしながら頭を下げて道場に入って来る姿が目に浮かんで仕方がありませんでした。もし生きていれば、欧州で逆手道を広めるキーパーソンになってくれたことは間違いありません。

大切な弟子と友人、そして日本武術への熱い思いを共有する同志を失ってしまった痛恨の思いは、彼の突然の死から5年が過ぎた今でも消えません。

Step21 実際の技で試そう——1

では「原理2」を実際の技へと応用してみましょう。前にも言いましたが、原理2で大切なポイントは、原理1、原理3とは異なり、受をとる人は抵抗も協力もしないリラックスした自然体を保つことです。

両肩合気崩し

(受、捕　共に正立、正対)

捕：受の背後に回り込み、両手を受の両肩に順手でごくデリケートに乗せて、合気接触状態を創る。合気接触状態ができれば、両手をごく軽く手前に引き寄せるように動かす。

受：抵抗できずに後方へ崩されて倒れる。

▼解説

既に〝合気接触状態〟を創る練習をしてありますから、両手を受の背後から両肩に乗せた状態で「妙な気分」を感じるはずです。その際、動かす手に必要以上の力を加えると、合気接触状態が壊れて受は誘導されなくなるので、技は掛かりません。

要は、いかにして折角創った合気接触状態を維持しながら相手を動かすかにあります。慣れないうちは、動く早さをできる限りゆっくりと、そして手、腕に掛ける力をできる限り小さくして行いましょう。

合気接触ができた状態で、手や腕に力を入れずに相手を後ろへ動かすのは少々難しく、初めのうちは動かす際にどうしても力が入って、技が崩れてしまいがちです。

そういう場合の練習方法として、腕を動かさずに体を動かして相手を崩すやり方があります。つまり合気接触ができた状態でこちらの手や腕を一切動かさずに、こちらの肩を捻る、あるいは体をそのままで後ろへ引いて相手の肩を後ろへ動かすようにします。これで相手はあっけないほど簡単に崩れてくれます。

原理2はこれまで練習してきた原理1、3とはかなり異なる原理で、動きではなく〝接触〟で合気を掛けます。大きな違いは意識を使う割合が極端に大きくなり、物理的な力はほとんど使わなくなることです。したがって練習の仕方もまったく異なります。

原理2を使う技の練習では、初めのうち、受は抵抗しません。ただし合気道で行っているように捕に協力することもしません。ほとんどが意識で成り立っている技で、しかもでき始めは意識の力が非常に弱いので、相手が精一杯抵抗している状態ではでき始めたかどう

両肩合気崩し

捕は両手を受の肩の上に載せ、“触れるか触れないか”という微妙な接触状態（＝合気接触）を創ります（01～02）。合気接触ができれば、相手はバランスを崩し、自由を失うので、大木が斬り倒されるようにして後方へ倒れてしまいます（03～04）。

01

02

03

04

かが検知／察知できません。ですから受は協力せずに抵抗しないのです。

　合気道の練習のように受が捕に協力してしまっては意識の力が使い始められているかどうかは察知できず、そのような練習を何百回と繰り返しても意識による崩しを習得することは不可能です。

　その状態、つまり〝受が協力も抵抗もしない状態〟で練習することで、意識の力が発揮され始めると、捕、受、共にそれを察知することができます。それが繰り返し何度でもできるようになれば、意識の力も次第に強くなりますから、受も抵抗する力を徐々に増していきます。そのような練習が原理２の習得には必要となるのです。

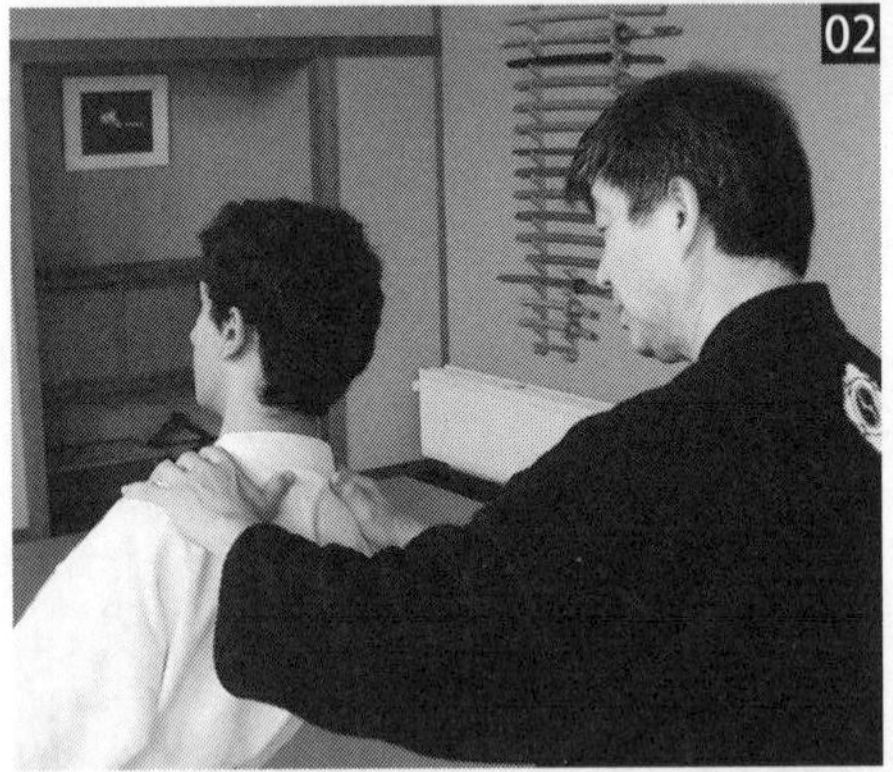

両肩へ両手をかける際、最初に合気接触状態を創ったら、肩を右へ捻って、体を脇へ移動させるようにすれば、手に無理な力を加えることなく、相手を誘導し、崩すことができます。技をかけられるほうは、無理に抵抗することはありませんが、さりとて捕に協力してあげる必要もありません。崩されたら素直に崩れてあげることで、互いに稽古になるのです。

Step22 実際の技で試そう――2

上段順突き内屏風倒し
(受、捕 共に正立、正対)

受：右足を一歩前に進めて右半身となりながら、右手で捕の左頬へ上段突き（フックも可）攻撃。
捕：右足を半歩進めて右半身となりながら、左の開手で受の右前腕部を軽く押さえ、右手で受の左肩の前を押さえる。そのまま押さえた両手に力が加わらないようにして、受の体を後方へ、屏風を倒すようにして押し倒す。
受：抵抗できずに後方へ倒れる。

▼解説

この技はゆっくりと行うほうが簡単です。初めは相手が上段突きを出しきって静止した状態でこちらの両手で相手の体を軽く押さえ、ゆっくりと左腕を下ろしながら右手で相手の左肩を静かに押してやります。すると、合気術が掛かっていれば受もその動きに合わせてゆっくりと倒れてくれます。

慣れてきたら速くして、最後は通常の速度で上段突き（フック）を繰り出してくる相手をあっけないほど簡単に倒せるまでになります。倒す時は閉じた屏風を倒すように両手を使います。

屏風を倒す場合は力を入れると風圧を受けて、力を入れた割に屏風は素早く倒れません。逆に静かに押してやると屏風は自分で倒れてくれます。それと同じイメージで相手を押すのです。

この写真（１４０頁）ではフックではなく上段順突きで攻撃しています。この時、両手で相手の腕と体を軽く触れるように押さえます。両手に力を込めて相手を押すのではなく、閉じた屏風を倒すように静かに相手を押していきます。すると、相手は抵抗できずにその場に倒れます。

相手を替えて、同じように試してみましょう。とにかく、両手は相手の腕と体に軽く触れるように押さえ

上段順突き

内屏風倒し

相手の攻撃を捌くと同時に、その腕と体（顎の下辺り）へ軽く接触するように、両手で合気接触を創ります。そのまま相手が自重で倒れるように静かに圧を加えます（01 ～ 02）。同じように、他の相手にも試してみましょう（03 ～ 04）。

01

02

03

04

中段順突き
内屏風倒し

今度は動きの中で、合気接触を使います。受がこちらを攻撃しようと近づいてくるのを見極め（01）、攻撃（中段突き）を出してきた瞬間に合気接触を創ります（02）。そのまま掴んで投げることも可能ですが、合気接触を保ったままに体を反転させていくと、受も体ごと付いてきます（03）。そのままごく軽く受を投げ落とします（04）。

ることです。

なお、この技には「合気接触」の伝播を使って、私が弟子の代わりに合気接触を創ってやれます。私がよく使う方法は、捕の弟子の右手の上に私の右手を重ねて合気接触を創り、その右手を静かに動かして受を倒すやり方です。その際に捕の弟子は、私の合気接触を自分の右手を通して感じることができます。

この伝播を活用した原理2の指導は、弟子自身が自分の体と感覚で、いったいどれくらいの（僅かな）力で相手を崩しているかを体験できるので、非常に有効な指導法だと自負しております。

同じように、「中段突き内屏風倒し」を、相手が動いている状態で実現してみましょう（141頁参照）。

相手が中段突きを出してきた瞬間、受に対して合気接触を創ります。この時、決して受を押さえつけてはいけません。

そのまま受を側面へと倒しても良いのですが、合気接触を保ったまま体を反転させると、受の体がその動きに付いてきてくれます。決して腕に力を入れて投げているわけではありません。

余談：憧れとしての武術

今回の冒頭のところでも紹介した、私の弟子だったスチーブンもそうですが、外国には熱狂的といえるほどに日本の武術に魅せられた人たちが沢山います。

日本武術に魅せられた動機は大体が同じで、まだ幼い頃に見た映画、例えば忍者映画ならば手裏剣、サムライ映画ならば剣道や居合道、格闘映画ならば柔道や空手、映画に登場する主人公がそれぞれの技を駆使して活躍する姿に憧れて、自分もそのようになりたいと願い、それがきっかけとなって武術を習い始めることになります。私の弟子だったスチーブンも少年の頃に見た忍者映画がきっかけで、大人になってから明府真影流手裏剣術を大塚保之第二代宗家に就いて習っていました。

そうしたきっかけ以外では、気が弱い子供を慮る親の勧めで柔道や空手を習い始める子供が多く、私が

26年半暮らしたオランダでは柔道や空手教室に通う大半の小学生クラスの子供たちがそうでした。そうした子供たちの中で自発的に習いたいと思うようになる一部の子供以外は、大半が中学生になる前に辞めてしまい、サッカーやバスケットボール、ホッケーなどへ移っていきます。中学生になっても練習を続ける子供たちは、当然ですが他の武術に興味を抱く人も出てきて、そうした人たちが柔道や空手以外の柔術、剣道、あるいはこの10年くらいに普及してきたテコンドーなどへ移ります。

オランダで私のところへ習いに来ていた人たちは、幼い頃に映画などで見た武術に憧れて柔道か空手を学び、その興味がさらに深まって大人になってから居合道や古武術などを習っている人たちが主でした。

翻って自分のことを思えば、中学生時代にテレビで盛んに放映されていた柔道映画〝姿三四郎〟や〝柔〟を見て育ち、そこで活躍する主人公たちへの憧れから高校生になって放課後に高校の近くにあった講道館へ通い、大学では空手のサークルに入って糸東流空手を習いました。当時の映画では今から思えばバカバカしいほどに極めて単純に新興の柔道が〝善玉〟、それを潰そうとする柔術が〝悪玉〟と決まっていましたが、その〝悪玉〟扱いされていた柔術家になってしまうとは当時の私は夢にも思っていませんでした。

さて武術の本家である日本では、武術に興味を示さない子供たちが増えているという話をしばしば聞きます。それは子供たちを魅了する映画や本がずっと昔に比べると極端に少なくなったからではないでしょうか。あるいは大人も含めて子供たちが武術に興味を示さなくなってきたから、本や映画でも取り上げられなくなった、そうした相互連鎖反応も考えられます。しかし、そうだからと言って、その状態をそのまま放置しておけば、世界に誇る貴重な無形文化財である日本武術の存続に係わる重大な問題となります。

元々興味を抱いていない少年たちに、中学校の正規教程に組み入れて無理やり学ばせても効果は期待できないと、私は個人的に考えます。ましてや武術をきちんと教えられる教員数には限りがあり、多くの学校では薄められた武術指導が行われることになり、事故や怪我も増えて益々子供たちを武術から遠ざける結果になるのではと危惧しています。

武術の普及を図るのであれば、まず子供たちに武術に対する興味、憧れを抱かせるようにする。そのためには何をすべきかを考えて実行することが一番大切な〝今やるべきこと〟と私は信じて疑いません。

■

レッスン
Lesson 13

原理2 「合気接触法」を実際の技へ適用②

進歩が止まる瞬間（前編）

私は『月刊秘伝』に「欧州日本武術事情レポート」という不定期連載記事を書いておりました。その連載ですが、5年前にリウマチに罹って体の自由が利かなくなってしまい、欧州内の外国へ取材に出かけることも儘ならなくなって、最近までずっと中断したままになっていました。

その後リウマチはかなり快復したものの、肝心の握力は以前の半分程度にしか戻らず、嘗ては得意技だった、きつく締まりすぎた瓶の蓋を回して開けることなど、もうできなくなってしまいました。そのような次第で弟子たちに教える内容も、力の要らない合気術のほうがめっきりと多くなっています。

さて、連載記事を書いていた際のことですが、弟子の一人から取材対象者を紹介されたことがあります。ドイツのハンブルグ近郊で日本の古流柔術を熱心に教えている人がいるというのです。早速にメールを出し、趣旨を説明してコンタクトを開始しました。

彼は40歳代初めの人で、若い時は柔道や空手、そしてドイツで行われているいわゆる欧州柔術を学んでいたが、ある時に日本からやってきた柔術の先生のセミナーに参加して、〝これが本物の柔術だ〟と確信して弟子入りし、それ以来数年間その先生から指導を受けているとのこと。早速に教えてもらったウェブサイトで彼の道場の様子や、彼が指導を受けている日本の流派の様子などを拝見し、取材してみたくなりました。そこで前準備として彼の経歴や武術を習い始めた動機、日本武術をどう受け止めているか、などを列記した質問状を送って回答を依頼しました。

メールを何回かやり取りしているうちに、彼のある点が気になりました。私は取材しようとする相手には年齢によらず必ず〝先生〟と敬称をつけて呼びます。当然、相手も私の活動を調べた上で私に対しても同じように〝先生〟と呼んで返してくれます。ところが彼だけは私に対して〝さん〟付けで返してくるのです。〝先生〟と〝さん〟の違いが分からないはずはありません。彼が〝先生〟と敬語をつけて呼ぶのはどうやら自分が所属する日本の上部団体の先生だけで、過去現在を問わず、たとえどんなに立派な武術家であっても彼は決して先生とは呼ばないのだと気がつきました。

私はその人が生まれる遥か以前に講道館に通って柔道を習っていました。同じ武術家として、自分の子供ほどの人から〝さん〟付けで呼ばれて良い気持ちはしません。そして彼からの回答書を読んで彼を取材しようという気持ちが一度に失せてしまいました。

私が40歳代初めの武術家に期待するのは、これからもっともっと武術の道を究めて何とか武術家として熟成したいと一生懸命に努力する姿で、もう既に高みに達して名人のような心境に入っている人ではありません。そのような回答を期待して質問を組んだのですが、まったく見事に期待も予想もしていなかった回答ばかりを並べられて、その人に対する興味が完全になくなってしまいました。

Step23 実際の技で試そう――3

さて本レッスンでは前レッスンに引き続き、原理2の応用技の続きを練習しましょう。

この原理2を理解するための基本技にはもう一つあります。この技は最初に紹介した技（両肩合気崩し）ができた、その次に開発したものです。

この原理を応用できる技は他にないかと考えていた時に、相手からの突きを受けるのに使えるのでは?と、ふと思いついたものです。空手や拳法など打撃系の武術をやっている人には最高の技の一つとなるはずです。

なおこの技はステップ22の技とは逆に、動きの中でやると比較的簡単に実現できます。しかし静止状態でできなければ本当に習得できたとはいえません。静止状態でできるようにまず練習をしてください。

では、この技をこれから説明します。

中段順突き合気払い

（受（うけ）、捕（とり）　共に正立、正対）

受：右足を一歩前に進めて右前屈立ちとなり、右手で中段順突き。

捕：左足を半歩下げて右半身となり、右手を受の右腕、右手首から肘にかけての部分に軽く添える。その瞬間に合気接触状態を創り、そのまま受の突く腕を受の体の外側下方（捕の左下方）へ流すように動かす。

受：受は抗しきれずにバランスを崩し、自身の右側面へ倒れる。

▼解説

この技は早く行うと簡単にできますが、ゆっくりとやってもできるようにならないと本当に技をマスターしたとは言えません。つまり早く行う場合は合気術が不完全でも何となくできてしまうのです。

最初は相手が拳を突き出しきった状態で静止し、その突き出した腕にこちらの腕を軽く添えて合気接触を創るところから始めましょう。

合気接触ができれば、〝ザワー〟という感覚をお互いに感じますからすぐに分かります。そうしたら、接触させているこちらの腕をそーっとデリケートに外側へ動かします。

合気接触ができていれば、相手の腕はこちらの腕に吸い付いたようにして離れずに付いてきて、それにつれて体全体も崩れだします。後は自分から倒れてくれます。これができるようになるまで何度も繰り返して練習しましょう。

こちらの腕を動かした途端に合気接触が壊れてしまったならば、その時点で最初からやり直してくださ

中段順突き合気払い

捕は、右中段順突きで来た受の右腕に軽く右腕を添えます（01 〜 02）。その一瞬で合気接触状態を創り、そのまま捕は右腕を（力を入れずに）左下方へと導きます（03）。すると、受は自らの右側へ倒れていきます（04）。

応用：上段順突きを原理２で倒す

焼津支部の小野二段が立花支部長（二段）を倒します。立花二段の左上段突きを右腕で軽く触るようによけて、そのまま腕を軽く下ろすだけの動作で相手を倒しています。

い。合気接触が壊れた時もお互いに感覚で分かります。

それができたら、今度はゆっくりとした動きで同じことを再現しましょう。これもできるまで繰り返し練習します。普通の速い速度でやるのは本当に最後の仕上げの時です。決してあせらずに、あくまでも静止状態で完全にこの崩しができるようになるまで、練習してください。

合気接触の伝播

この合気接触状態は人の体を通って伝播します。その良い例が、この技ができない弟子を指導する私の以下の方法です。

受：右足を一歩前に進めて右前屈立ちとなり、右手で中段突き。その状態で静止。

捕：左足を半歩下げて右半身となり、右手で受の右腕の前腕部に軽く添える。

この時、私は両手で捕の両肩を押さえ、彼の体を

介して合気接触状態を創る。そのまま捕の肩をゆっくりと回すことによって、その動きを捕の右腕→受の右腕へと伝え、受のバランスを崩し、その右側面へと倒す。

これは捕をとる弟子の体を介して、受との間で私が合気接触を創ったものです。捕は何もしないまま、私が合気接触を創ったのを感じます。私が彼の肩を回して彼の右腕を動かすと、受は彼の右腕に吸い付いたようにして動かされ、腕の動きに引きずられた体全体も崩れて倒れます。

その際、私は決して弟子の肩を力で強く回しはしません。あくまでも誘導する感じで弟子の肩を回すのです。その状態はむしろ自分自身で倒れていくような感じで、これが意識を強く用いる合気術の崩し方（崩れ方）の特徴となります。

合気接触の伝播で指導

01

捕に自分で力を入れないように指示してその両肩を押さえます（01）。捕の体を介して合気接触状態を創り、その両肩を回してやって受を崩します（02～03）。受は堪えきれずに倒れていきます（04）。

Step24 実際の技で試そう——4

これは一番最近、2014年4月に行われたオランダ武術連盟主催のセブン・マスターズという合同セミナーの講師として招かれて、参加者に技を説明している際にふと閃いて編み出した技です。

立った状態で手首を順に掴まれたら、原理1（無意識動作法）を使った小手返しで掴んできた相手の手を逆に掴み返し、解いて自由になった手で相手の顔の側面を軽くなで上げてから横、そして下へと誘導します（この部分で原理2が働く）。そうすると相手は頭がなでられるままに傾き、それにつられて体全体が側方へ崩されます。そのまま止めれば「不動（固め技）」となり、さらに接触している手を下げれば相手は床へ落とされてしまいます。

魔術のような実に不思議な技で、原理2が使えれば可能となる技です。見ている人には、受が捕の暗示に掛けられて投げられているようにしか見えません。

小手返し合気投げ／不動
（受（うけ）、捕（とり）　共に正立、正対）

受：左足を一歩前に進めて左手で捕の右手首を順に掴む。
捕：無意識に動作することで相手に力の出所を感知させない「原理1」を使って、内側から掴まれた右腕を回し上げて小手返し。そのまま捕は、手の甲が下を向いた受の左手を左手で逆に掴み返し、掴まれた右手首を解いて右手を自由にする。
次に、自由になった右手で受の顔の右側面を下から上になで上げながらこちらの右側方へ誘導し、さらに時計回りに螺旋を描くように下方へ落とす。
※この際に右手を最後まで下ろさずに途中で止めれば、受は体が横になった状態で戻ることも倒れることもできずに不動状態となる。
受：捕の手の動きのままに、頭部が左から下方へと誘導され、床に投げ落とされる。

小手返し合気投げ／不動

01 ～ 02 では、捕は「原理 1 」の無意識動作法を使って捕られた右腕を上げます。次いで、左手で受の手を取り返して、外した右手で受の左手をさらに押し切るように極めます（03 ～ 04）。そのまま左手で受の左手首を固定したまま、右手を受の頭部側面へあて（05）、一旦なで上げながら右側下方へ導くように崩し投げます（06 ～ 08）。

また、09 ～ 11 のように投げずに、受の体が横になった状態（不動）で極めることもできます。

余談：進歩が止まる瞬間（後編）

昔、何かの本で〝80パーセントの法則〟という考え方を読んだことがあります。

どういう法則かと言えば、何かを習得しようとする際、その頂点に対して80パーセントのレベルに到達するのに10年間を要するとすれば、残りの20パーセントの80パーセントである16パーセント、つまり80パーセント＋16パーセントである全体の96パーセントまでのレベルに到達するには最初の80パーセントと同じ10年間を要し、さらに残りの４パーセントの80パーセント、3・２パーセント、つまり96パーセント＋3・２パーセントである全体の99・２パーセントまで到達するのにさらに10年間、というように、ここまでで30年間掛かるというものです。

民間企業では入社して専門の業務に取り組み、10年間努力すれば一応一人前、つまり80パーセントのレベルに到達して主任が務まるようになります。次には大抵の場合に他の部署に配置換えとなって違う仕事に従

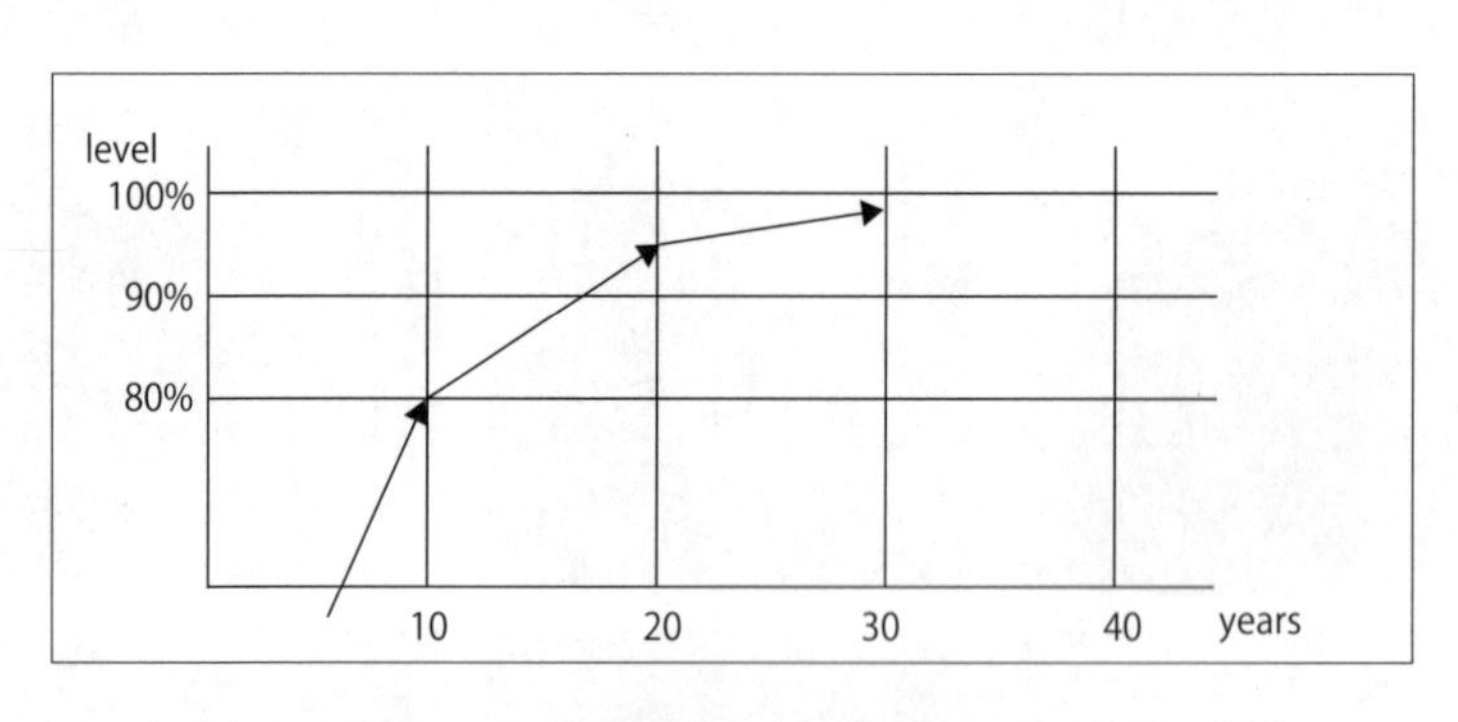

ある事柄をマスターする上で、まず80%のレベルに達したところから、残りのうちの80%を熟達するのには、その前の80%を熟達するのに要したのと同じ時間が掛かるとする「80パーセントの法則」。レベルが上がればそれだけ上達が困難になるという真理が数値化されています。

事するようになるので、ある特定の専門分野で第二レベルの96パーセントまでに到達できるのは、大企業の研究所にでも配属されない限りまず無理です。

民間企業では一つの専門だけマスターしただけでは不十分で、幾つもの異なった分野の経験を積むことが求められます。例えば開発部門の設計技術者は自分の設計した機械が現場でどのように製作されるかまで熟知した上で設計しないと、製作するのに手間隙がかかって利益の出ない製品を平気で設計するようになります。それでは会社の利益にならないので、当然、生産技術にも通じていないといけません。さらには購買部門の知識も積めば、材料のコストを抑えた設計にも繋がります。

一方、大学に残って研究を続ける人たちは限りなく100パーセントのレベルに到達することが必須となります。30年間掛けて99・2パーセントのレベルまで到達してようやく一人前の研究者と認められて教授の肩書きを得て、さらにそこからが一流の研究者となれるかどうかの勝負となります。

日本の大学では国立、私立大学を問わずに一度「教授」の肩書きを得てしまえば、破廉恥なスキャンダル事件でも起こさない限りは何もしなくとも教授の座は定年になるまで保障されます。そのために教授になった途端に研究論文の数が激減してしまう人が実に多いのですが、それは研究者としてようやく一人前になったばかりで研究活動を放棄することに他なりません。米国や欧州の大学のように、たとえ教授といえども毎年新しい実績が出せなければ降格も有りという制度に改めない限りは、日本の大学における研究成果は今後ますます欧米に遅れをとることになるでしょう。

進歩が止まるケースが多いのは大学だけに限らず、民間企業でも同じです。私は嘗てある民間電機会社の研究所で開発技術者として勤めたことがありますが、同僚や先輩の技術者たちの「歩き方」を観察していて面白いことに気がつきました。

歩く際に重心を乗せる位置が「踵」の人と「足先」の人とに見事に分かれるのです。次長、部長クラスはほとんどが前者、課長クラスは半々、それ以下だとほとんどが後者ですが、たまには主任クラスで既に踵に重心を乗せて体を反りかえり気味に歩く人もいました。

自分は技術者として既に十分な知識と力を持っていると自覚した人は踵に重心を乗せて歩き、まだまだ不十分でもっと勉強しなければと考えている人たちが足先に重心を乗せて歩いていたのです。ただ、そんな中、部長クラスでただ一人だけ足先に重心を乗せて歩いている人がいましたが、その人は当時はまだ製品化できない特殊な開発を担当している人でした。

課長クラスでは、技術者としてはまだまだ極めることが多いレベルであるはずなのに、半分くらいがもう既に頂点に達したような自信満々だったその会社は、当時VHS方式のビデオを開発してライバルのソニーを蹴落とし、わが世の春を謳っていました。その後、優れたアナログ技術に慢心しきってデジタル化の波に乗り遅れ、累積赤字を重ね、遂には親会社の松下電機から見放されてあっという間に凋落し、規模の小さな音響会社と合併してかろうじて命脈を保ちました。

しかし合併後に表沙汰となった欧州事業の不祥事の責任を取らされて経営権を相手側に取られてしまい、工場施設の大半は売り払われて、今では名前だけを残す存在となってしまいました。ニッパー犬のマークと共に音響と映像の名門と謳われた、嘗ての日本ビクターですが、今はもうありません。寂しい限りです。

「陽はもう再びは昇りません」

■

レッスン
Lesson 14

原理5 「波動力法」をマスターする

劣等感からの奮起

今から30年以上も昔に、嘗て私が機械系の開発技術者として電機会社に勤めていた頃の話です。

〝振動モード解析〟というコンピュータを駆使する振動解析の新しい手法が日本に紹介されて、自動車、電機業界をはじめとする、さまざまな分野で仕事をする機械系技術者の注目を集めました。米国のシンシナチー大学とベルギーのリュウベン・カソリック大学が世界で最先端の研究をしていて、毎年それぞれ一回ずつ教授が来日してセミナーを開き、私も毎回そこに出席しました。

年に二回は開かれるセミナーに毎回100人くらいが出てくるのですが、三回、四回と出席すれば参加メンバーの顔も毎回、大体同じなので顔見知りとなります。来日される先生方はとても分かりやすく講演してくれるのですが、その技術の根幹となる〝カーブ・フィッティング〟という概念が元々数学には決して強くない私には何度聞いても理解できませんでした。

周囲を見渡せば皆先生の話に頷いている人ばかりで、理解できていないのは自分ひとりだけ。〝自分だけが頭が悪くて理解できない〟と劣等感に苛まれ、その新しい技術を習得しようとする気持ちがしばしばめげそうになっていました。しかし、頭は良くなくとも根気だけは人の三倍持っている私は〝いつかきっと分かるようになる〟と自分に言い聞かせて、勉強を続けていました。そしてある時本当に偶然、そのカーブ・フィッティングの概念に思い当たったのです。

当時勤めていた会社では社内講習会活動が盛んでしたので、早速講師となって自分なりに理解したその技術を仲間の機械系技術者たちに解説したところ、大きな反響を得ました。さらに浅学を省みずに「応用機械工学」という専門誌に、今までに行った応用結果と一緒にカーブ・フィッティングを分かりやすく解説した記事を載せました。

すると企業向けに各種セミナーを開催している会社から声が掛かり、丸一日、7時間の講義をして欲しいという依頼が入りました。物怖じしない性格の私はまたしても浅学を省みずに講習会を開くことを承諾して、準備万端整えて2か月後にその場に臨みました。会場は40人近い出席者を得て大盛況でしたが、その半分くらいは毎年セミナーで顔を合わしていた人たちでした。肝心のカーブ・フィッティングの解説に入ると、彼らは一様に私の解説に真剣に耳を傾けて頷いてくれます。その後のブレークでは数人が話しかけてきて、「お陰さまで、ようやくカーブ・フィッティングが理解できた」と私に礼を言ってくれました。

それを聞いて私は思いました。〝何であの時は分かったふうな顔をしていたのですか、分からないなら分からない顔をしてくれれば、自分はあれほど劣等感に苛まれることはなかったのに〟。

それから3年の間に私は振動モード解析の本を2冊

出版しました。30年たった今でも日本で出版された同じ分野の本は5冊のみ。そのうちの2冊が私の本で、今でもこれは私の誇りです。

なぜ、原理5から学ばないのか

さてこのレッスンで説明する「原理5」は、私が元々は振動解析の技術者であったことが幸いして気づいたともいえます。この方法ではタイミングの合わせ方さえ慣れれば六つある原理の中でおそらく一番習得が容易となるはずのものです。

それではなぜ、説明を最初にもってこなかったかと言えば、これを最初に持ってくると、特に意識で動きを制御せずとも合気術がなんとなくできてしまい、その後で原理1や原理3へと繋がっていかないからです。逆に原理1や原理3を習得しておくと、なぜ原理5で合気術が実現できるのかが非常に明快となるからです。その順番で習得すれば、〝なんとなくできるようになっちゃった〟という状態にはならないはずで、その理由で実現が簡単な原理5をわざと後のほうへもってきています。

なお、この原理は動作でバネの動きを摸するものですから、バネの動き（振幅）が大きくてゆっくりしたものであれば、動きを再現するのは比較的容易となり、小さな振幅で、したがって早い動作のバネの動きを体の動きで再現することは難しくなります。ですから最初は大きく振りかぶって下ろされる受（うけ）の手刀打ちを、こちらの腕の動きで大きく受けるバネの動きを再現する練習から始めて、小さな振幅のバネを再現する練習（技）へと進んでいくことにします。

Step25 原理5をマスターするための方法

ここでは原理4ではなく、**原理5「波動力法：相手の想定外である波動力を利用して相手を崩す」**の解説をします。

「波動」では、どうやってそれを実現するか分かりにくいと思いますので、もっと分かりやすい表現をします。例えば相手の上段手刀打ちを、バネで支えられた板で跳ね返すイメージを浮かべてください。打ち込んだ力はバネで吸収された後に跳ね返されます。このバネの動き、すなわち相手の力を減じながらこちらの力を増やしていく動作を、練習によりごく短い時間でできれば、技は成り立ちます。

以上を図に描くと、以下のようになります（図1）。

では早速、実際の技で試してみましょう。

上段手刀当て返し

（受（うけ）、捕（とり）　共に正立、正対）

受：右足を一歩踏み出し右手で上段手刀当て〈順〉。

捕：こちらは右足を前に出して右半身になりながら、右手で受の上段手刀当てを早い段階で受ける。

捕：受ける際には自分の右手をバネに見立てて、一旦引いてから逆に押し返す。

受：捕の右手の動きに自身の右腕が完全に一体化させられて、押し返された後方へ倒れる。

波動力法の概念（図1）

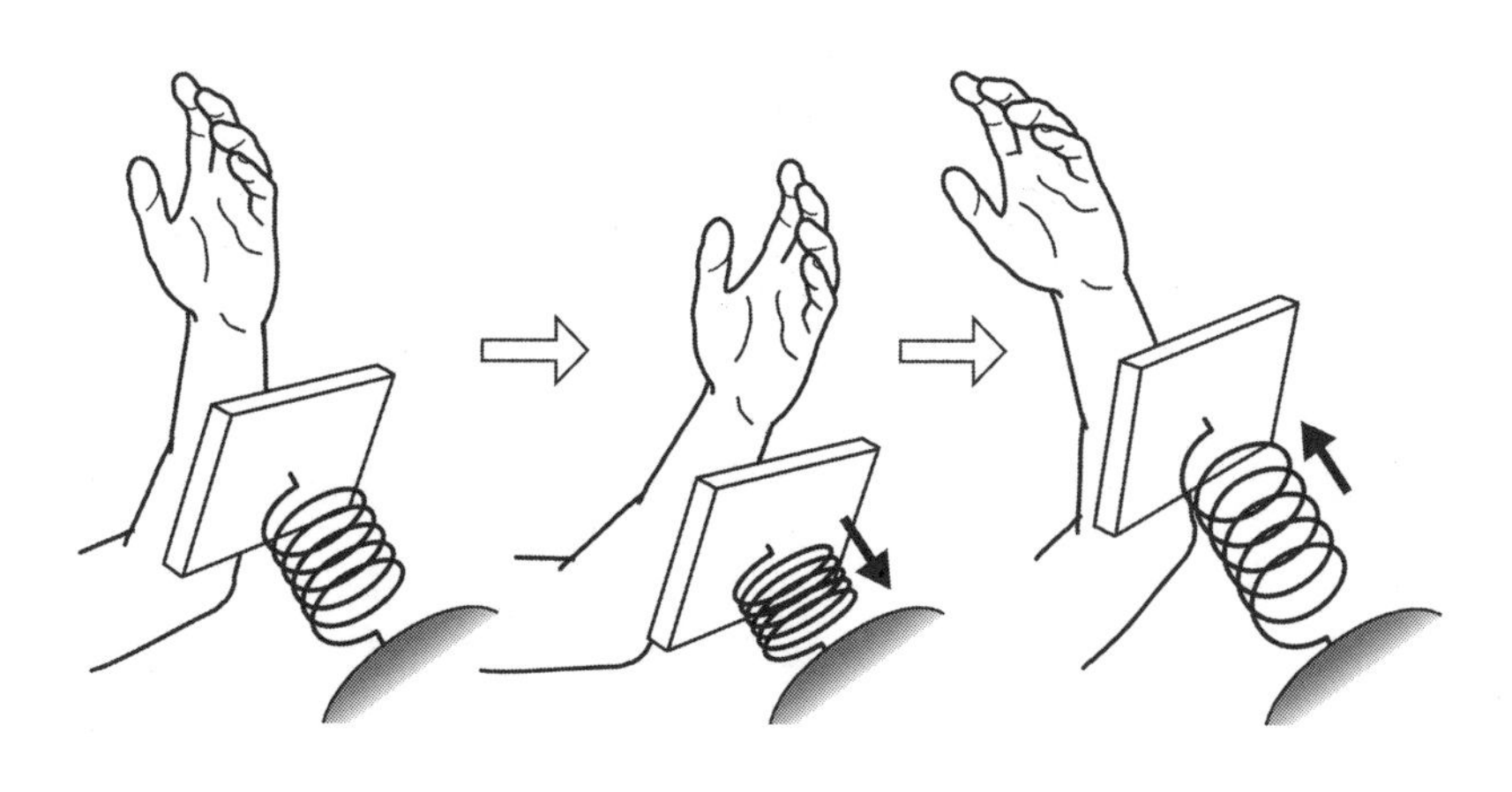

攻撃の腕が板（受けた腕）に当たる → 板（受けた腕）が力で押されてバネが縮む → バネが反発して攻撃した腕が押し返される。

―上段手刀当て返し―

受の上段手刀当てをやや踏み込みつつ、打ち出される瞬間に触れ、そのまま少し引きながら受けます（01～02）。一旦、腕を引いた後で、バネが弾けるように押し返します（03）。すると、受は崩れて後方へ倒れます（04）。

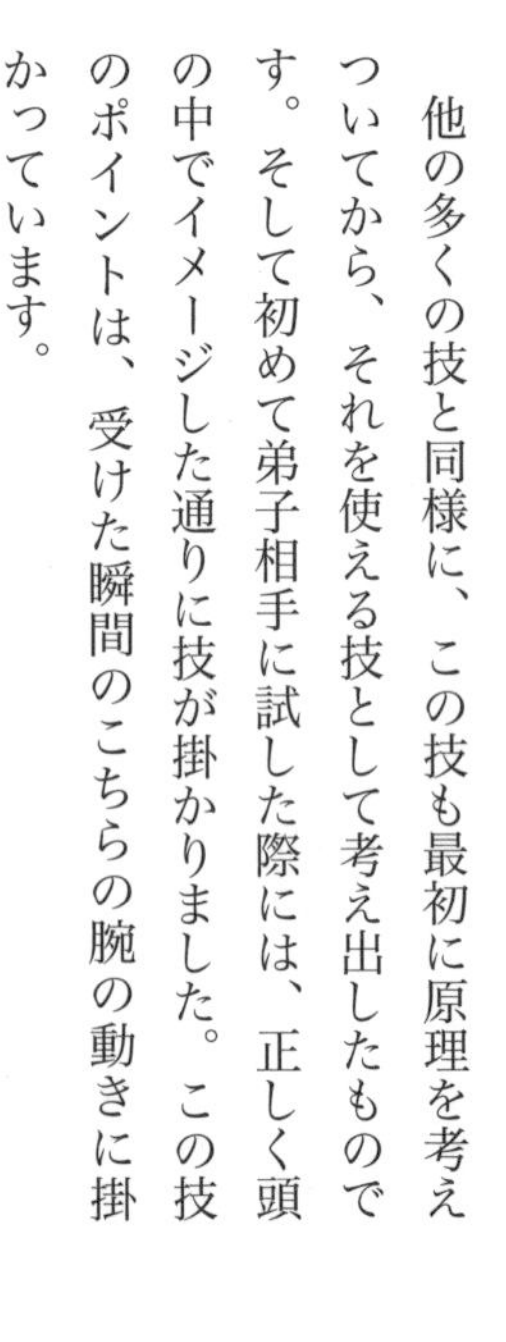

他の多くの技と同様に、この技も最初に原理を考えついてから、それを使える技として考え出したものです。そして初めて弟子相手に試した際には、正しく頭の中でイメージした通りに技が掛かりました。この技のポイントは、受けた瞬間のこちらの腕の動きに掛かっています。

つまりいかに正確にバネの動きを再現できるかです。引いて押し返す動作をほんの僅かな時間の間で、スムースに実現できれば良いのです。初めは意識的にゆっくりと行って、スムースにバネの動き（振動、もしくは波動）を忠実に再現できるようにし、後は速さを増せば良いのです。この技を初めて弟子たちに見せた時、六人いた弟子たちのうち三人はその場ですぐにできるようになりました。

なお、この技のコツやノウハウですが、相手の上段手刀当てを受けるタイミングが重要です。相手が腕を振りかぶった時、つまり実際の攻撃に移る前にこちらの腕を相手の腕に接触させなければなりません。遅れると技が効きづらくなります。その理由は接触が遅れると相手の上段手刀当ては腕の速度が速くなっていて、こちらの腕を合わせてバネの動きを実現するのが困難となるからです。相手の腕が下に振り下ろされようとする瞬間なら、まだ腕の速さは十分に遅く、バネの動きで合わせやすくなります。

合気術の先生が類似の技を行っているＶＴＲや写真をみれば、この点に気がつくはずです。どの先生もかなり早いタイミングで、つまり受が腕を真上に振り上げて下ろそうとする前のタイミングで相手の手刀当てを受け止めています。実際にはそのような早いタイミングで受の上段手刀当てをブロックすることは無理なので、以前から〝おかしい〟と思って見ていましたが、この原理５に思い当たってから、その不自然さの理由に納得がいきました。

なぜ波動力法を使うと受が崩れるのか

これは、例えば今回のように上段手刀当てで攻撃してきた相手は、それがまったく予期しない波のような動きでブロックされたために、無意識のうちに相手の動きに同期させられてしまうからです。つまり、相手の力が10ならばこちらの力は最初ゼロ、次にこちらの力を２に増やせば相手の力は減じられて８となり、徐々にこちらの力を増やして最後はこちらが10で相手がゼロに持っていく。そうして受は崩れていくというわけです。

つまりこの方法では、こちらの力が相手の力より小さくとも、相手を押し戻すことができます。

波動力法の応用例1

波動力法はもっと単純な形で使えます。例えば中段

波動力法における相対的力関係

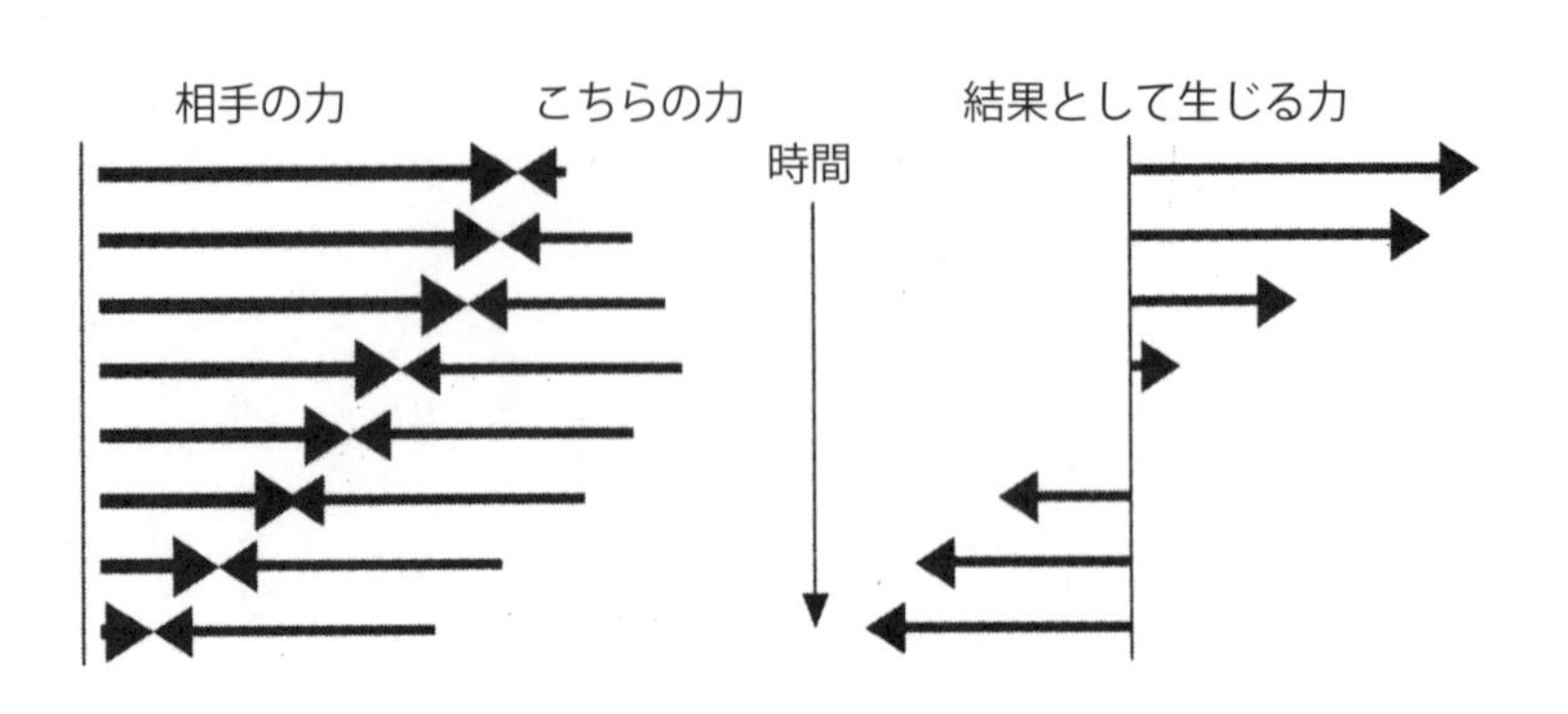

※相対的な力関係は、時間の経過で下へ変化していきます。

突きで攻撃してきた相手の体全体をバネで押し戻して、相手を後方に突き飛ばす方法です。それを以下に示します。受は焼津支部の八木二段。

この技は相手の両肩を押さえて引きつけ、そして押し戻すタイミングの取り方がポイントです。タイミング良く極まると、相手は小気味良いほどに後方へ跳ね飛ばされてしまいます。

塩田剛三先生が自分の両肩を掴みにきた弟子をポンポンと跳ね飛ばしているビデオを動画サイトで見たことがありますが、おそらく同じ原理を使われていたに違いありません。私には塩田先生のような敏捷な動きは到底できないので、両肩でバネの動きは再現できませんが、同じ原理を使っているのは見ていて分かります。

波動力法の応用例2

原理2の説明で両肩合気倒しという技をご説明しましたが、この原理5を活用した類似の技「両肩合気落

波動力法の応用1 中段突き返し

中段突きで攻撃してきた相手の両肩に手を置きます（01 ～ 02）。こちらの両腕をバネに見立て、一度引くことで相手の体をこちらの体に引き寄せてから（03）、バネを反発させて押し返します（04）。相手はバネの反発力で後方へ跳ね飛ばされてしまいます（05）。

波動力法の応用２ 両肩合気落とし

この技は外見上、原理２を使った「両肩合気倒し」と変わるところがありませんが、受の両肩に置いた両腕を（01）、あたかも上下に波の運動をするかのように緩やかに柔らかく下ろすもので、崩す原理はまったく異なっています（02 ～ 03）。受は両肩から体全体に重力を感じ、そのまま腰から崩れ落ちていくのです（04）。

技に慣れないうちは、腕を動かす代わりに、自らの両膝を静かに曲げ伸ばしする運動によって、同じ効果を得ることができます。この時、急激にガクンッと曲げるのではなく、あくまで柔らかく静かに波の上下動を行うようにします。

とし」という技もあります。この技は受の背後からその両肩にこちらの両手を置くところまでは同じですが、それ以降の崩し方がまったく異なります。

両肩合気落とし

捕：受の両肩に置いた両腕を、あたかも上下に波の運動をするかのようにして、緩やかに柔らかく下ろす。

受：両肩から体全体に重力を感じてそのまま腰から崩れ落ちる。

この技のコツは、受の体を共振させるような低い振動数の波運動を、こちらの手と腕とで受の両肩に伝えることにあります。慣れないうちは腕を動かす代わりに、こちらの両膝を静かに曲げて伸ばす運動をすることで同じ効果が得られます。決して膝をガクッと急激に曲げてはいけません。あくまでも柔らかく、静かに波の上下動が始まるようにして曲げるのです。

この技は合気道の先生が行っているのをよく見ますが、単に力で受の両肩を後方に引き寄せて倒している〝力技〟となっているのが多くの場合で見られます。この技の本当のやり方はそのような力技ではなくて、あくまでも合気で相手の体の共振周波数に合わせた波の上下動を両肩に加えて、相手の力を全身から一度に抜き去るかのようにして崩して倒すのが本来の技です。

追記：生涯で、ただ独りのボス

私は30歳代の10年間を、ある電気会社の研究開発部門に勤めていました。当時ＶＨＳ方式のビデオを世に送り出し、ライバルのソニーを蹴落として我が世の春を謳歌していた日本ビクターです。そこのテレビ研究所で行われていた極秘プロジェクトの一員となって、機械部門を束ねていた大川さんという人の下で働くことになりました。

私より5歳上でまだマネージャーにはなっていなかったものの、総勢6人の研究員を束ねて、それこそ一時も惜しまずにプロジェクトの成功を目指して辛苦を惜しまず努力するタイプの人でした。そのグループには高学歴の人はおらず、皆たたき上げの人ばかりでしたから、私のように大学で9年間も研究生活を送っていた〝人材〟は大きな期待を持って迎えられたのです。

ところが当の私は未だに大学での研究生活の余韻を引きずって、プライドばかり高くて本当に会社の役に立つような実務になかなか邁進しようとしません。とんでもない食わせ者の〝人材〟で、大川さんにしてみれば歯がゆさを通り越し、殴って性根を叩き直してやりたいと思っていたに違いありません。

大川さんならば一週間も一緒に仕事をすれば私のレベルを把握するなど造作もなかったはずですが、高専卒だった大川さんはそれでも私には彼でも気がつかない優れたものがあるのかもしれないと、じっと2か月も我慢して私を観察し続け、ついに200パーセントの確信が得られた時点で私に大目玉を落としました。積もりに積もった我慢の反動で、叱責は朝から晩まで、それこそ箸の上げ下げまで注意されるような、私にとっては地獄のような毎日が始まったのです。

当時の私は家庭内の問題を解決するために遠距離通勤していた大手の自動車会社から転職して、比較的近距離に在るその会社に移籍して仕事を得たためにもう逃げるところがなく、石にかじりついてもその新しい職場で頑張るしかありませんでした。

そこで私は真剣に大川さんが怒る理由を考えました。それを理不尽と自分に都合の良いように解釈している限り私の助かる道はありません。そうしたら当然のことですが、私が彼の、そしてプロジェクトの役にまったく立ってはいないことに気がつきました。それからは土日の休みは家族サービスを済ませたそれ以外の時間を、勉強と仕事の準備に費やしました。

そうして2か月、毎日怒られるのに耐えながらも一生懸命に仕事を続けていると、大川さんが私を見る目が違ってきました。プロジェクトに加わって半年が経ったころには、大川さんは仕事上の重要なことを私に相談してくれるまでになっていました。私が一人前の仕事ができる技術者になれたのはこの大川さんのお陰です。いくら感謝しても感謝しきれるものではありません。

　大川さんは手取り足取り仕事を教えてくれる人ではなく、自分のやり方を見せることで部下を教えるタイプの人でした。やり手なので社内に敵も多いのですが、それ以上に彼が困っている時は本業を放っても手助けしようとする彼の信奉者があらゆる部門にいました。大川さんのことを大変気に入って、何かにつけて面倒をみようとする研究所のトップの人がいましたが、自分の結婚式に敢えてその人を招待せず、「自分は他人からの贔屓などこれっぽっちも当てにせずに実力だけで勝負する」、そんな意気込みを周囲に見せるような人でした。世の中にはそれと正反対の人間ばかりひしめいている中で、宝石のように輝く存在でした。

　当時「我が世の春」を謳歌していた会社はその後、世の中のデジタル化に乗り遅れて凋落し、事業縮小のための希望退職に応じて大川さんは55歳で会社を去り、その後は早めにリタイアしてご自分で畑を耕しながら奥様と二人で日本百名山を踏破されました。

　大川さんは私にとって生涯でただ独りのボスと呼べる人です。■

レッスン
Lesson 15

原理5 「波動力法」を実際の技へ適用

外力で本質を探る

前レッスンにも書きましたが、私は欧州で暮らしたいという希望を叶えるために最後は経理を本業にして収入を得ていましたが、30数年前までは振動解析を専門とする機械技術者でした。その時に習得した振動モード解析という技術で「インパルス応答試験」という手法があり、これを私はずっと実生活にも活用してきました。

どういう手法かといえば、ある構造物を全体に亘って力センサーを備えたハンマーで叩き、その構造物の1箇所に設置した振動センサーでその都度、応答を測って構造物全体の機械的な特性を解析するというものです。構造物には使われている材質と形状によって外力として掛かる力に反応しやすい周波数と鈍い周波数があり、高層ビルなどでは地震が来ても崩壊しないようにその考え方に基づいて耐震設計がなされています。

この考え方は建築物だけでなく人間にも当てはまります。例えば、お金に執着する人、名誉に執着する人、義理人情にはまったく疎い人、などなどです。私は相手の特性（性格）を把握するのに、この「インパルス応答試験」が使えると気がつきました。

例えば、仲間が仕事でミスをしました。私が纏めたデータに基づいて彼が報告書を書いたのですが、その人はデータの転記ミスをして、彼が書いた報告書のデータが間違っていると部長に指摘されて怒られている状況です。そういう場合に遭遇できればチャンスとばかりに「それは私がデータ作成時に記載ミスしたかもしれません。すみませんでした」と言って、意図的に助け舟を出してやります。データを彼に渡す際にわざわざお互いに確認し合った箇所なので本人は間違いなく自分の転記ミスであることは分かっているはずです。その際の彼の反応を見ることが重要です。私の助け舟に感謝しながらも、あくまでも自分の不注意な転記ミスと言って部長に謝罪する人であれば、その人は正直で信頼できる人です。そうでなく〝渡りに船〟とばかりに沈黙して暗にこちらのミスであることを肯定する態度をとる人であれば信頼はできない人、以後の付き合いは要注意というように判断できます。この相手への判断が、将来起こり得る大きな失敗を防いでくれます。

ここで重要なことは、相手に外力を与える時には、相手がとり得る反応のパターンを予め想定しておくことです。つまりこの場合ですと、あくまでも自分の転記ミスと言って謝罪を続けるならば信頼に足る人、積極的に責任転嫁しないものの黙っていることで暗に私のミスだと主張するようならば小ずるい人間、そのような想定です。似たような機会が起こるたびに私はこの外力応答試験を繰り返してきましたが、その私の経験では二番目のタイプがほとんどで最初のタイプはただ一人だけでした。また逆に他人から試験されたことも二度あります。面白いもので自分が試されているのが本当によく分かりました。

それからこの方法ですと、上司である部長の力量も同時に知ることができます。鋭い部長ならば私が助け舟を出していることに気がつき、私の行為に免じてそれ以上の小言を止めて収めてくれます。頭の悪い部長ですと私も同罪だとして私も含めて小言を延々と続けます。日本ビクターに勤めている時に同様のケースが起きて、その時の部長は正に最初のケースでした。私が助け舟を出して自分のミスかもしれないと謝った際に私の目をじっと見つめて、無言で〝よく分かった〟と目で合図をくれました。とても立派な上司だったその人は後で監査役となり65歳で定年を迎えました。

以上はあくまでも一例ですが、このように応答試験に活用できる事例は日常生活でしばしば起こりますから、私は必要な場合にこの方法を使って相手を事前に判断するように心がけていました。

Step26 実際の技で試そう

では技の練習に入りましょう。

中段逆突き合気倒し

（受、捕　共に正立、正対）

受：右足を一歩前に進めて右前屈立ちとなり、左手で中段逆突き。

捕：右足を半歩進めて右半身となりながら、右腕で受の突いてくる左腕をブロックし、受けた右腕をバネ・システム（バネ仕掛けのように力を吸収し、押し返す）と化して、いったん僅かに引いてからすばやく押し戻す（原理5＝波動力法）。

受：押し戻す力をもろに重心に受け、壁にぶち当たって叩き返されたかのように後方へ弾かれるようにして倒れる。

―中段逆突き合気倒し―

受が左中段逆突きで攻めてきたのに対して、捕は右半身となって右腕を受けの左腕に添えます（01）。捕が相手に添えた右腕で、一旦引いてから押し返すバネの動きをすると、受はこちらの力を重心に受けて跳ね返されます（02〜03）。受は左腕に受けたバネの動きを体全体に感じて、後方へ弾かれるように倒れます（04）。

▼解説1

この技は早く行うと簡単にできますが、ゆっくりとやってもできるようにならないと本当に技をマスターしたとは言えません。つまり早く行う場合は合気術が不完全でも何となくできてしまうのです。

前回の技と違うところは、前の場合では振幅の大きなバネを使いましたが、この技では振幅の小さなバネを使うことにあります。振幅が小さなバネですから、バネの動きとなるように相手が突き出してきた腕にタイミング良くこちらの腕を合わせて動かすことが難しくなります。それができないと、突っ込んできた相手の勢いを自分の腕で受け止めてしまい、逆に自分が押し倒されてしまいます。

実はこの技は原理3（目標設定法）でも実現可能です。実際に技を掛けながら、私は原理3と原理5のどちらでこの技が効いているのかずっと長い間確証が掴めずにいました。原理3でも効くということの理由は、動かないで静止状態でもできるからなのです。

▼解説2
この技は相手が柔術の当身のように縦拳で攻撃してきた場合には利きません。なぜかといえば、縦拳の状態では肘関節の向きの関係で前腕が自由に下方へ折れ曲がれる状態にあるので、こちらの「相手の肩」↓「体本体」へ伝えようとする力が逃がされてしまうのです。空手の中段突きのように手の甲が上を向いた状態であれば前腕は折れ曲がらず上腕と一体化しているので、こちらの力はダイレクトに相手の肩へ伝達されます。

「原理3」との近似性

さて、左頁の写真01の通りのポーズを静止状態で取ります。そうしたら捕の私は右腕を受のスチーブン師範代の左腕の上に載せ、接触点を介して私の力が彼の腹へ向かうようにして右腕に少しの力を加えて押し込みます。大した力ではありません。そうするとスチーブン師範代は腰砕け状態となって崩れ落ちます。その崩れ方は原理5とは違い、後方へ弾き返されるのではなく、あくまでも腰から崩れ落ちる感じです。

この技を静止状態で掛ける場合には、当然〝波の動き〟をしませんから、原理3を使うことは間違いありませんでした。一方、相手が動いている、つまり突きを出してくる際に原理5は間違いなく掛かるのですが、時々、「これは原理3が効いているのではないか」と思う時がありました。

どのような場合にそう感じたかといえば、相手の腕とこちらの腕との接触時間がごく短い場合に相手が倒れた状況（つまり、現象として「波の動き」をしている間がない状況）がそうであることに、ある日ハタと気がつきました。

そこで実験をしてみることにしました。

次頁の写真に示すように静止状態でこちらの前腕を弟子の前腕に添え、その状態からこちらの腕を波のように動かして弟子の前腕を、さほど強くない力で押し込んだのです。すると弟子は原理3と同じ状態で腰から下へ崩れ落ちました。

次に、この〝波のように動かす〟こちらの腕の振幅を半分にしました。弟子は同じように腰から崩れ落ちます。さらに振幅を1／3、そしてほとんど波動をさせずに、つまり原理3を効かせると、全ての場合でまったく同じ状態で弟子は腰から崩れ落ちました。

このことから次の公式のような結論が導き出されま

「原理３」で相手の腰を崩す

受に中段左逆突きの姿勢を取らせ、その突き出した腕へ自らの腕（ここでは右腕）を載せます（01）。この体勢から、力が相手の腰へ浸透するように意識しながら（目標設定）右腕へ少しだけ力を入れて押し込んでいくと、相手は腰から崩れ落ちます（02〜04）。

静止状態で「原理５」を働かせる

突きの体勢をとらせた受の突き出した前腕へ、自らの前腕を添え、その状態から前腕を波のように動かして押し込みます。すると、01 ～ 03 のように「原理３」の時と同じ状態で受は腰から崩れていきます。さらに、腕の振幅を小さくしていくと、腕の位置（高さ）はあまり変わらないまま、やはり「原理３」とまったく変わらずに腰から崩すことができます（04 ～ 06）。

※原理５で波の動きをする際の波長を λ とすれば

$$\lim_{\lambda \to 0} (\text{原理５}) = \text{原理３の一部}$$

した（右頁下の公式参照）。

つまり、「原理5で再現する波の動きをできる限り小さく（狭く）していくと、従来原理3として説明していた技の一部となる」ということです。従来、原理3で接触点から離れた場所を意識して力を送り込むと説明していた技の中で、原理1（無意識動作法）や原理5でも実現できた技というのは、実はこの「原理5で波動の振幅をゼロに近づけた動き」を再現していたことになるのでは、ということです。

これまで弟子たちには習得が難しかった原理3ですが、このように考えると全てではありませんが、その一部は習得が遥かに容易となります。既に説明済みの技としてはステップ20で解説した「片腕合気倒し」がそれに該当します。

また私の弟子の中で居合道四段で、重心（腰）が非常に安定している人がいますが、彼には原理5で掛けると、つまり動きの中で掛けると効きますが、静止した状態で原理3を使うと効きません。まるで巨大なコンクリートの塊を押しているかのように私の力が跳ね返される、そのような気持ちになります。

彼によれば、その時には意識を高めて体を安定させているとのことなので、私としては意識の力は意識で防げるということなのだと納得していましたが、今回の上記の実験でそうでないことが判明しました。

実は原理5というのは、相手の体がこちらの体の一部である腕などが実現する波の動きに同調して初めて効くものです。通常の人には波長を短くしても相手の体がこちらの波の動きにたとえ数ミリメータでも同調しさえすれば効きます。しかし、先に紹介した弟子は静止状態で特に前腕部分に神経を行き届かせ、微動すらしない緊張感を作り出していたのでしょう。

もちろん、普通の人にはできないことですが、長年の居合道修練の結果でそれが可能になったのでしょう。したがって静止状態では彼の前腕を、こちらの僅かな波の動きに同調させることができなかったのです。ただし、動きの中では彼の緊張感は極端に弱まりますから、こちらの波の動きに簡単に同調させられたということです。

これで長年のモヤモヤが一つ晴れた気がします。

▼解説3

『月刊秘伝』２０１４年７月号に佐川道場の伝説の達人、小原良雄師範の特集記事が掲載され、とても興味深く拝読しました。幾つもの技を小原師範が演じられていましたが、その中で一つ、私にもすぐにできそうなものを見つけました。

左の中段突きで攻撃してきた相手を体捌きで右へかわしながら右腕を相手の突いてきた腕に当てて相手を弾き返す、そのようなごく簡単な説明と写真が載っていました。これを見て私は小原師範が原理５を使ったに違いないと確信しました。私は今まで原理５を使って突きや当てをよける際には相手と平行に位置して、相手の力と正反対の方向でこちらも力を加えていましたが、横に逃げてもこの技が効くに違いないという直感をこの時得たのです。

次の練習日に弟子に中段突きで打ち込ませ、私は彼の横に体捌きで逃げながら原理５で彼の腕を押し返すと、弟子は突っ込んできたのと逆の方向へ見事に弾き飛ばされるように倒されました。小原師範のお陰で突きを原理５で捌く際は、相手の正面に位置せずとも捌けることを気がつかせていただきました。

小原師範に感謝申し上げます。

▼解説4

前レッスンで説明した「上段手刀当て」と今回の「中段突き」とでは、同じ原理５の波動法を使うのでも、ハッキリした違いがあります。前レッスンの上段手刀当てに対してはそれを受けに行く捕の腕全体が肩を始点としたバネ運動をします。つまり大きな（振幅の）バネを使います。

一方、今回のような突きに対しては、捕は受ける腕の肘を始点とした前腕部のバネ、つまり小さな（振幅の）バネを使います。要するに相手の攻撃に応じて活用するバネの大きさを変えるのです。

この原理は蹴りに対しても有効で、回し蹴りのような大技には当然こちらも大きなバネで受けるのが正しいやり方で、回し蹴りに対して使った例を以下に示します。大変豪快な技となります。

回し蹴り返し

（受、捕 共に正立、正対）

受：左足を一歩前に進めて右前屈立ちとなり、右足で上段回し蹴り。

捕：右足を半歩進めて右半身となりながら、両腕で受の右回し蹴りを受け、受けた両手（腕）を一旦引いてから押し戻す。この際、単に押し戻すのではなく、受の重心めがけて押し戻す。

受：押し戻す力をもろに重心に受け、壁にぶち当たっ

―体を捌いての合気倒し―

受の中段突きを体捌きで横に逃げながら、右腕を相手の突いてきた腕に添えます（01～02）。そのまま相手の腕を押し返すと相手は簡単に崩れ落ちます（03～04）。ここでは相手の突きを外側から捌いていますが、当然内側からも捌けます。

たかのように後方へ弾かれるようにして倒れる。

また、写真05～06は反対側から写した写真です。本当に驚くほど豪快かつ気持ち良く相手が吹き飛んでくれます。ただタイミングを正しく取ることはとても大切です。

なおこの技ですが、回し蹴りはもちろん前蹴りや横蹴りにも（回し蹴りよりは使うバネが小さくなるのでその分、難しくはなりますが）、有効な返し技となるはずです。前蹴りに応用した例を『月刊秘伝』でも見たことがあります。■

回し蹴り返し

遠間から踏み込んで上段回し蹴りを放ってきた受に対して、一歩踏み込んで右半身となりながら両腕で受け、その受けた腕を一旦引くようにしてから押し戻すと（01～03）、受は壁にぶち当たったかのように重心ごと後方へ弾かれてしまいます（04。押し戻す際には相手の重心めがけて押し戻すのがコツ）。05～06は反対側から見た「回し蹴り返し」ですが、より押し戻す方向が見て取れるでしょう。

04

05

06

レッスン
Lesson 16

原理4 「平衡微調整法」をマスターする

インチキにしか見えない合気術

以前にロッテルダムの日本文化センターにて日本文化の集いがあり、そこで一般の人たちを相手に合気術のデモンストレーションを行いました。その際にこのレッスンの最初で説明する「腹押し合気倒し」をやって見せました。「ホウー」と沢山の人が付くため息が聞こえましたが、一方でガヤガヤと騒ぐ人たちも大勢いました。おそらく「あんなのインチキだよな」と話していたに違いありません。

そこでその中の一人、母親と思しき人に盛んに話しかけていた15歳くらいの男の子に登場してもらいました。同じように四股立ちの構えを取らせ、こちらの拳を彼のおなかにそーっと添わせた瞬間に、その男の子は綺麗に後ろへ倒れました。驚いたことにとても上手な後ろ回転受身を取りましたが、顔は口を開けたままでポカンとしています。

もう一度同じ四股立ちをとらせて、同じことを繰り返しました。インチキでないことがはっきりと分かったようで、自分の席に戻ると母親に盛んに何かを一生懸命に説明しようとしています。「インチキじゃなかった、本当だよ、ママ」、おそらくそのような内容だったのでしょう。

この技はその少年のように実際に自分が体験しないとインチキだと疑って掛かるのも無理はないと思います。また合気術ができない人や理解できない人も同じで、そのような人たちからは〝インチキなマジック・ショー〟と断じられるのが関の山です。

武術界、残念ながら柔術や合気道を指導している人たちですら合気術ができず、また理解できずに、接触系の合気術を〝インチキ〟と断じる人たちに時々遭遇します。そのような人たちには、実際に自ら体験して閉じている目を開いてもらうしか他に処方箋はありません。

Step27　原理４をマスターするための方法

では早速原理４の説明に入ります。

原理４「平衡微調整法：腕や手を動かさず意識の力で相手を崩す」というもので、意識を強く使う原理２よりもさらに強い意識を必要とします。今までの原理と大きく異なる点は、こちらの手や腕を動かすことなく、接触するだけで相手が崩れ、倒れていくというものです。

従来の指導法では〝気の力〟で倒すと言われていますが、本当はそのような神がかり的な技ではなく、きちんとした原理に裏付けられてできる技です。したがって、難しくはあるものの誰にでも習得が可能です。

よく合気術を解説するのに「念力を相手に送り込む」とか「電磁波を活用する」などのような、読者が読んでもどうしたらいいのかさっぱり分からない難解な言葉が使われます。すると、私はその指導者が合気術の原理を本当は理解していないのではないか、あるいは故意に本当のノウハウを隠しているのでは？と疑いたくなります。

この原理に基づく技も正にその通りで、世間で言われる〝気の力〟が本当はどういうものであるのか、以下に具体例で分かりやすく説明いたします。

技を解説すること自体が方法を解説することになりますので、ここではいきなり技の解説から始めます。

腹押し合気倒し

（受、捕　共に正立、正対）

受：四股立ち、もしくは騎馬立ちとなる。

捕：受のすぐ前に立ち、中段突きの格好で右拳を受の下腹部に軽く触れる。

捕：そのままの状態で腕を押し込むことなく、ただ下腹部に当てただけで、腕↓拳↓下腹部↓腰というイメージで力を精神的に伝える。

受：抵抗できずにゆっくりと後方へ倒れる。

まず、右拳を相手の腹へ軽く当てて「合気接触」状態を創ります。当てた拳と、相手の腹が押し返す力のバランスを取った状態で、拳を動かさず（押し込まず）に拳に加える力を気持ちだけ余計に入れます。拳は決して強く押しません。それでバランスを崩した相手は自ら倒れます。この際、拳は押し込まないので位置は変わっていません。

また、この技は他人の体を介しても効きます。

▼解説

この技は合気接触（原理２）による方法と似ています。ただ異なる点は合気接触による方法では合気接触状態となった後で、たとえ僅かな力にせよ接触している手や腕を動かして力を相手に伝えて相手を崩したり倒したりする（物理学ではこれを〝仕事〟をすると言います）のですが、この方法（原理４）では手や腕を動かしません。力はあくまでもイメージの中だけで相手に伝達します。

さらに詳しい解説を続けます。この技では初めに合気接触状態を創ります。それから右拳（腕）で相手を押しますが、その力は相手が抵抗してくる力と丁度拮抗する大きさに保ちます。そうすると、こちらが拳で押す力と相手がそれに対抗する力が絶妙にバランスする状態となります。この状態（合気接触状態）では互いに大した力は入っていないことに注意してください。

その状態で気持ちだけ拳を少し余計に押し込むのです（この際、決して拳が進むほど力を入れてはいけません）。そうするとバランスがほんの僅かに崩れ、相手は対抗する力を急に失ったかのようにしてプッツンと切れて自ら崩れ、そして倒れてしまうのです。これ

―腹押し合気倒し―

受（左）の腹へ当てた拳は「原理2」の「合気接触」状態とします（01）。そこから、決して拳をそれ以上強く押し込むことなく、相手の腹が拳を押し返す力とバランスを取るように〝気持ちだけ〟拳に力を込めます（02）。すると、受のバランスは徐々に崩れ、自ら倒れていきます（03～04）。

こそがこの原理の重要なノウハウです。

また、術が伝播するのは合気接触と同じで、技がどうしても掛からない弟子に対しては、当てた右腕の肘を私（著者）の右手で押さえます。すると、弟子の右腕を介して受の体に力をイメージで伝達して受を倒すことができます。その際、弟子はどのようなものが彼の右腕中を通過するか「ゾクー」としながら体感するのです。

弟子の肘を介して相手に私の力を伝達します（01）。相手は私の力を腹に感じて自分から倒れます。この時、弟子の右拳はほとんど動いていません（02～03）。

ただ、この技がかかりにくい人にしばしば遭遇します。タイプは皆、共通していて、恐ろしく腰の座りが良い、つまり腰のバランスが良い人たちです。そういう人を相手にこの技を掛けるとなかなか倒れてくれません。

その場合は、敢えてこちらの右拳を相手の腹へ押し込みます。押し込む距離はほんの僅か、1センチにも満ちません。そうすると相手は腹で押し返してくるので、それとの押し合いを避けてこちらの右拳を引っ込めます。それを何度も繰り返すのですが、そのたびに押す力を小さくしていきます。

すると最終的に微妙な力のつりあい状態が取れ、お互いにほとんど力を入れていない状態でバランスします。その微妙なバランス状態ができたら、先に述べたようにほんの僅か、気持ちだけ右拳を相手の腹へ押し込む（つもりになる）のです。そうすれば相手は自らバランスをなくして、後方へ倒れていきます。

原理4　平衡微調整法の応用

平衡微調整バランス法の応用例をご紹介します。これは中段順突きで攻撃してきた受を崩して倒すものです。これと同じ方法を〝自分の体重を相手に移して（載せて）相手を崩す〟というように解説されている場合もしばしば見受けられますが、教えられるほうはそれではどうしたら良いのか皆目見当もつかないことと思います。ここで解説する方法ならばどなたでもすぐにできるようになりますので、ぜひ試してみてください。

最初は受が止まった状態で練習します。

受：右足で一歩踏み込みながら右中段順突きで攻撃、その場で静止。

捕：静止した受の右腕に自身の左腕を乗せ、その状態で脱力して左腕自体の自重を受の右腕に載せる。

捕：足の位置はそのままで、左腕には一切力を入れずに上半身をほんの僅か左へ動かす。はたから見ていると動いているとは分からないくらいの微小な動き、5センチくらいで十分。

受：捕の僅かな動きに抗しきれずに自らバランスを崩して倒れる。

これは受の右腕に載せた左腕は完全な脱力状態を保ったまま一切力を入れずに、体と腕との位置関係を壊さずに、つまり上体が5センチ左に動けば左腕もそのまま5センチ左へ動くということ、上体を僅か外側

中段順突き合気払い
（原理４）

にシフトさせるという動作をします。

最初に脱力した左腕が受の右腕に載った状態で受と捕との間には力のバランスが生じます。ここから捕が上体を僅かにシフトすることで、その平衡が僅かに崩れて受はその崩れに抗しきれずに自らバランスを大きく崩して倒れるという仕組みです。

ここでもし捕が左腕に力を入れたり、上体を大きく動かしたりすると、折角作った平衡が壊れますから受は直ちに抵抗モードとなって崩れません。

これができたならば、同じ技を動きの中で再現してみてください。少しずつ速度を速めながら練習すると良いでしょう。

（01）乗せた左腕は脱力して自重に任せます。（02）そのままの状態を保って上体を写真からでは判別できないくらい僅か左にシフトすると、受が崩れ始めます。（03）受はあたかも自分の右腕に捕の体重が載せられてきた感じで、その重さに耐えきれずにバランスを崩して右側へ倒れます。

Step28 原理2と原理4の組み合わせ――1

実は、原理4はそれだけでは技にはなりません。他の原理と組み合わせることで初めて効果のある技となるのです。早速やってみましょう。

中段順突き合気払い
（受、捕 共に正立、正対）
受：左中段順突き。
捕：左足を引いて右半身となりながら、突き出された受の左腕に軽く右手を添え、瞬間的に合気接触を創る（原理2）。
腕はそのままで、右手だけを外側に払う。
受：受は自身の左側方へ倒れる（原理4）。

▼解説
この技は原理2で合気接触を創った、そのすぐ後に原理4で相手を倒すものです。原理2で強い合気接触ができれば、後は右腕を動かさずとも右手の僅かな動き（払い）だけで、受は嘘のようにあっけなく倒れます。これこそ合気術の妙技とも言える技です。慣れてくれば一瞬で、この動作が実現できるようになります。

最初は相手に中段突きを出しきった状態で静止してもらい、その止まっている腕に自らの腕を上からそーっと重ねて合気接触を創るようにします。合気接触ができたら、自分の腕の力を完全に抜いて〝相手の腕に自然に載せるだけ〟のようにします。そうすると相手はこちらの腕の重さを自分の腕に感じ、次第にそれに耐えきれずに崩れていきます。

もう一つの方法としては、すぐ前で説明したのと同様の方法で、接触ができた段階で自分の体重を接触点に載せるようなイメージで体全体を右前方へ少しずつ移動させます。移動量はほんの僅かで、足の位置を動かさずに体全体を5センチほどシフトさせるだけです（この際、接触点に力が加わってしまうと合気接触が壊れて技が利かなくなるので注意してください）。こ

中段順突き合気払い
（原理5）

この技は原理２（合気接触）と原理４の組み合わせの代わりに、原理５（波動力法）だけを使っても実現できます。その際のコツは、原理４の時と違い、相手の突き腕が伸びきる前にその前腕内側へ向けて、小さくバネの力を使って後方外側へと弾いてやることです。（01～02）。受は自身の左後方へ弾かれるように倒されます（03）。この「弾かれるような」崩れ方が原理５を使った場合の特色となります。

中段順突き合気払い
（原理2 ＋ 原理4）

原理２と原理４を組み合わせた技法がこの合気払いとなります。まず受（右）が左中段順突きで攻めてきます（01）。相手のその左腕に右手（腕）を軽く添えます（02）。瞬間的に合気接触ができ、受は既に崩れ始めます（03）。捕が手を軽く払うだけで、受は腰砕け状態で倒れます。腕を動かす必要はまったくありません（04）。

うすると相手は崩れていきます。

以上の方法でできるようになれば、接触を創れたらすぐに自分の体重を、体を動かさずに腕から接触点を介して相手に伝えていきます。これは上記二つの方法をミックスしたような動作となります。これで相手は崩れていきます。これが完成すれば静止状態での動きはクリアできたことになります。

最終目標は相手の攻撃してきた腕に手を触れただけで合気接触状態にもっていき、相手がバランスを崩さざるを得なくすることです。

そのための練習は、非常に速度の遅い突きを出してもらい、タイミングを合わせながらこちらの手で相手の腕に触れていきます。衝突のないように接触を創り、コントロール状態にできたことを確認してから、手と腕を動かす代わりにこちらの体全体で出した手の方向、前方斜めに足を踏み出して進んでいきます。

そうすると手に余計な力がかからず、接触が壊れないようにしながら相手を崩せます。ぜひ試してください。これができるとこの技は完成したことになります。

▼解説2

もう一つ、実はこの技は原理5でも掛かります。というよりは原理5を使うほうが遥かに易しくなります。

その際のコツは、相手の腕が伸びきる前にこちらの腕で相手の肘関節のやや下（手首側）内側を軽く押さえにいき、相手の腕をバネで相手の後方外側へ押し返すようにしてやるのです。そうすると相手は勢い良く後方外側へ倒れます。

原理2＋原理4では上半身から下半身に掛けて〝徐々に崩れていく感じ〟で崩れるのに対して、この場合は〝跳ね返されるようにして〟投げられるので、違いは一目瞭然です。

この原理5を使う方法もぜひ試してみてください。

Step29 原理2と原理4の組み合わせ――❷

この技は上段順突きで攻撃してきた受の突きを体捌きでかわしながら、腕を受の肩口へ深く差し入れて原理2の合気接触を創り、さらに原理4でそのまま受をその後方へ倒すという技です。

この技では受の突きに対して左右や後方に避けずに、その攻撃方向へと向かうことになるので一瞬の絶妙な体捌きで上段突きを避ける必要があります。そのために難しい上級の技となります。

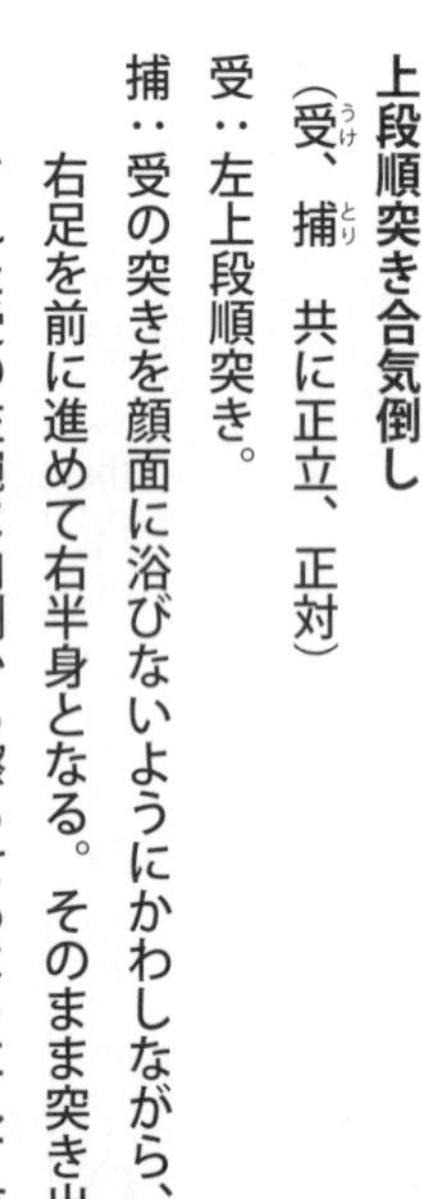

上段順突き合気倒し
（受、捕 共に正立、正対）
受：左上段順突き。
捕：受の突きを顔面に浴びないようにかわしながら、右足を前に進めて右半身となる。そのまま突き出された受の左腕に内側から擦らせるようにして交

-上段順突き合気倒し-

01

02

03

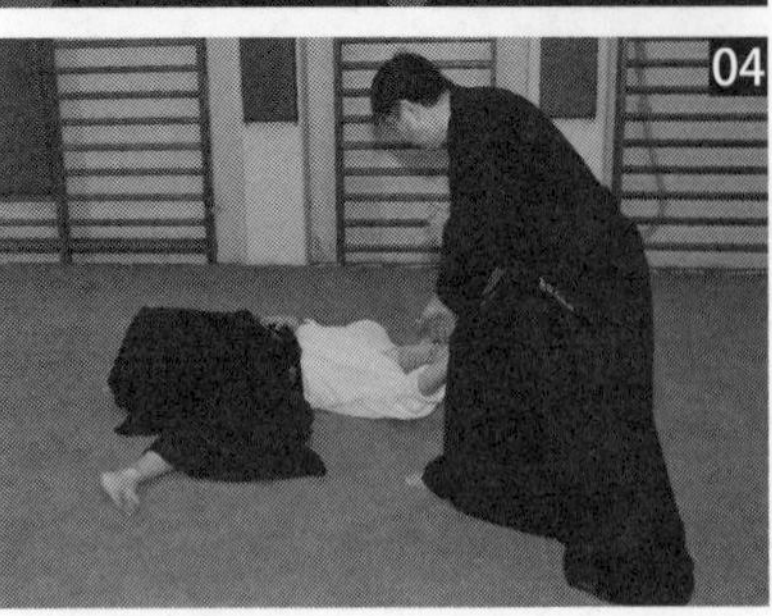

04

受（左）の上段順突きに対して、捕はその突きをややかわしつつ、右足を踏み込みながら右腕を相手の突きの内側より差し入れていきます（02）。この時、相手の反発する力に無理に逆らうのではなく、微妙にバランスを取るようにします。そのまま前腕を受の肩に載せると、受は自ら後方へ崩れ、倒れてしまいます（03～04）。

左列01～04は逆の角度から見た「上段順突き合気倒し」。特に相手の肩に腕が載った際、決して力で押し込んではいけません。あくまで「拳を突き出そうとする相手の力」に添うようにこちらもそのまま腕を突き出していけば、相手は自ら倒れてしまいます。

差させ、受の左肩口からさらにその奥へと進める。その際に、差し込んだ右腕は受に対して大きな力を与えないようにする（↓原理2、合気接触の創造）。

捕：右腕の前腕が十分に受の肩へ載ったら、そのまま受を後方へ倒す。その際に右腕には特に力を加えない。

この技は他の先生方も、本などで解説されています。以前、俳優にして合気道家であるスティーブン・セガール氏がワルシャワで合気道関係者を相手にセミナーを開いた時の写真で、この技を披露しているのを

上段突きに対する合気倒しを実演する、俳優にして合気道師範であるスティーブン・セガール氏（左）。彼の場合は、突き出す手の掌を上へ向けていますが、これは腕へ余計な力が入らないことを意図したものと思われます。

見たことがあります。

その時には私はまだ原理2の存在に気がついていなかったので、彼がどのようにしてこの技を使うのか皆目見当がつきませんでした。しかし、原理2に気がついてから、すぐにどうすればこの技ができるかを理解しました。

上写真はワルシャワで開かれたセミナーでこの技を披露するスティーブン・セガール氏（左）です。この一枚の写真がヒントになってこの技を完成させました。ただ手の甲を下に向けるよりは、上に向けたほうが私の場合は上手くいきます。彼が手の平を上に向ける理由は、おそらく腕に余計な力を生じさせないためと推察いたします。

■

レッスン
Lesson 17

応用編

複数原理の組合せ技

〝駄目出し〟の難しさ

通信教育で柔術を教える際に一番難しいと私が感じるのは、〝駄目出し〟をする場合です。

柔術の通信教育では、型を演武してそれをビデオで送ってくる弟子たちは、自分たちは上手くできたものと信じて送ってきます。それに駄目出しをする場合には慎重に言葉を選んで、当人のプライドを傷つけないように指導することが重要です。それをしないと、駄目出しを受けた当人はショックを受けてやる気まで失ってしまいます。これは日本人・外国人に関係なく（程度の差こそありますが）共通しています。

その点、合気術の通信教育は楽です。上手くいったかどうかは、行った本人が一番良く分かるので、指導者から駄目出しを受けてがっかりする状況が起こり得ません。

以前にも述べましたが、イタリア人で黒帯まで到達したから、もう余計な気を使わなくとも大丈夫とこちらが思って、うっかり「駄目だ、そんなやり方では」と言ってしまうと、それだけですっかりめげてしまい、やる気を簡単に失ってしまった人がおりました。もちろんそのような人ばかりでなく、逆に「十二分にできたとみなされない限りは、どうか合格させないでほしい」と懇願してくる人も、少数ではありますがいます。

道場で実際に手に手を取って教えている場合に「駄目だ、それは」と言われるのと比べて、通信教育では指導者と弟子の交流は言葉だけとなってしまい、どうしても言葉の与えるインパクトが遥かに強くなってしまうからでしょう。正にこの点が通信教育で柔術を7年間教えて、私が得た一番大切なノウハウです。

「〝駄目だ〟と言われて簡単にめげてしまうような弟子は要らない」という割り切り方もあるかもしれませんが、一人でも多くの人に柔術ができる喜びを味わってもらいたいという目標を立てたからには、考え得る努力は全てしなければいけません。そこで弟子たちには次のように教えています。

「〝駄目出し〟を受けたら、運が良いと思いなさい。それは私から大事な技のノウハウ（極意）を伝授されるチャンスを得たことなのだから。

〝駄目出し〟を受ける数だけ他の弟子よりも余計に技の大切な点を伝授されるのだから悪いわけがない。一回で合格した人はどうすれば良いかだけしか学べず、何度も駄目出しを受けて合格した人はどうすれば良いかだけでなく、どうしたら駄目かまでも教わることができる。この差は大きい」と。

Step30 原理1と原理3の組み合わせ──1

内手掛け投げ

（受(うけ)、捕(とり) 共に正立、正対）

受：右手で捕の右手首を掴む（逆取り）。

捕：左足を、自らの右へ回り込むようにしながら後方へ引くと同時に、原理１（無意識動作法）で掴まれた右腕を上げ、さらに体を回して受と同じ方向を向いて、受の横に立つ（01〜03）。右腕を受の右腕にロックさせ、原理３（目標設定法）を使って受の肘へ力を送り込みながら一旦受を崩して（写真04）、そのロックさせた右腕を前方へ伸ばしながら受をその方向へ投げ飛ばす。その際に右手や腕には大した力は入れない。

▼解説

この技は、相手に手首を握られたら、すぐに腕を原理1で上げながら体を入れ替え、相手の腕にこちらの腕を掛けてロックを作ります。そのロックを介して、原理3を使って相手の右肘に力を送り込んで相手を崩す、この展開が重要となります。

崩れた相手を前方へ投げ飛ばすのは、単に右腕を伸ばせば十分です。相手は非常に豪快に投げ飛ばされますので気持ちの良い技となります。原理3を使って相手の右肘へ力を送り込むのが重要で、難しいポイントとなります。

なお、左頁写真では初めの段階で体を反時計回りに転回させていますが、受の右肘へ力を送り込んで崩しながら、右手を伸ばして体を転回するほうが投げの威力は遥かに増します。つまり体の転回（体捌き）を、投げることに利用できるからです。

この技は当初原理1だけを使う技として編み出したものですが、その後に原理3を組み合わせる技へと変えました。変えた理由は、受に頑張られてしまうと投げられないケースに遭遇したからです。参考になると思い、以下にその最初の形を示します（200頁参照）。

この形では体の展開（体を開くこと）を十分に利用して受を投げていますが、逆に言えば体の展開を利用しないと、原理1だけでは受を投げ飛ばせるほど十分には崩せないのです。原理3を併用することによって、体の展開をさほど利用せずとも受を投げ飛ばせるようになり、合気術らしい技となりました。

内手掛け投げ

ここでの「逆取り」とは、受（左）が相手の手首を綾（右手で右手を取る等）に取ること（01）。押さえられた腕を上げるのは、本書の最初に学んだ「原理1」の合気上げと同じです。ただし、ここでは相手の手首を内側から巻き込むように上げています（02）。体を捌いて、上げた手首から相手の肘へと力を流し込み、そのまま前方へ投げます（03～06）。

01

02

03

04

05

06

ここでは「原理１」だけを使った投げ技も見てみます。01～03が「原理１」による無意識な動きで取られた手を上げています。相手は肩から崩れていることに注意。
ここから体を開きつつ、回り込んで相手を前方（相手にとっての前方）へ投げ落とします。投げにおいて、受の腕を引っ張っているわけではありませんが、前頁の投げに比べて、かなり体を開きながら落としていることが分かります。

Step31 原理1と原理3の組み合わせ――2

両腕取り入身投げ

(受、捕 共に正立、正対)

受:両手で捕の両手首を順に掴む。

捕:右足を少し踏み出して右半身となり、左手首を少し内側に曲げて受を牽制し、右腕を合気術でまっすぐ上方に上げる。そのまま右足を十分に踏み出し、受を後方へ入身投げとするが、腕が受の胸から首にかかったところで、受の腹に力が行くように原理3を使って腕を押し下げる。

▼解説

通常の入身投げは、合気術ではなく合気柔術の技です。なぜならば、受を投げるのに捕の右腕には、通常、意識で作用した力を発生させていません。ただ単に決められた道筋に沿って右腕を動かしているだけです。受にとっては、その決められた道筋で捕が腕を受の体に沿って動かすと、生理的な反応で倒れざるを得ません。まさに合気柔術の技です。

一方、ここで説明している入身投げは、相手を倒すのに右腕を、受の腹へ力が作用するように意識を使って押し下げています。この場合、受は捕の力を自分の腹へ感じ、腰から砕けるようにして倒れます。つまり、通常の合気柔術の入身投げとはまったく異なった倒れ方(崩れ方)をします。

さらに発展させた入身投げ

最初に上に上げないほうの手(203頁写真では左手)を、手の平を水平にして甲を上に向け、内側に捻るように回します。そうすると、受は右腕が内側に曲げられて体が反時計回りに回転し、後ろへ下がっての〝逃げ〟を封じられてしまいます。

その状態で右腕を時計回りに回転させ気味に上に上げると、受は時計回りに自転しながら、捕を中心としてその周囲を時計回りに公転し、バランスが完全に崩

両腕取り入身投げ

両腕を取られたところから、右足を踏み出しつつ、左腕を固定したまま、右手を「原理１」で上方へ上げます。すると、01のように相手は両腕を交差された状態に崩されてしまいます。十分に右足を踏み出し、ちょうど右腕が受の胸から首を制する形となったところで、受の堪えようとする力が自らの腹へ行くように垂直に落とします（02～03）。

上の04～05は通常の合気柔術における入身投げです。右手を十分深く差し入れて受を崩していますが、上体も勢いに乗って前方へせり出していますので、相手も押し出された後方へと倒されています。右の合気術では捕は最初の位置からほとんど動いていないことに注目してください。合気術の場合には、受は力を腹に感じて、抵抗できないまま真下へと崩れ落ちています。

さらに発展させた入身投げ

入身に入る際、まず固定していた左手を水平に保ちつつ、右側へ持っていきます（01～02）。この時、左手の甲を上にして巻き込むことで、相手は右腕から内側へ捻られるよう体が崩れますので、そのまま右手もまた、やや捻るように上げていくと、相手は完全に後方へ逃げることを封じられ、こちら（捕）の回転運動に押し出されるように自ら逆回り（時計回り）に反転して背中から崩れていきます（03～05）。ここまで崩せると、捕はただ腕を軽く回し落とすだけなので（06）、その余裕が笑顔に現れています。

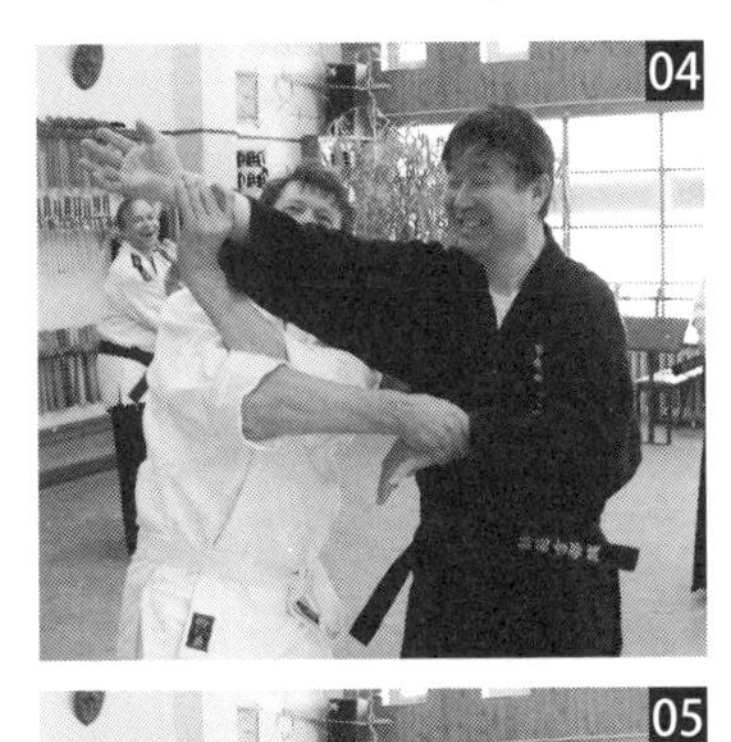

意識誘導ができれば、非力な女性でもこの通り。見事な姿勢で、技もよく極まっています。

れますので、入身投げが極まる理想的な状態となります。ここまで受を崩すと原理3を使うまでもなく、また通常の合気柔術の入身投げのようにこちらの体を相手のほうに入れて腕を受のほうへ深くさし伸ばさなくても、至極容易に受を倒せます。

この入身投げは合気道や他流の柔術で行われる、足を相手のほうへ深く踏み込んでいく直線的な動きで相手を倒す入身投げと比べて、相手を自ら回転させて倒す動きとなり、捕は最初から最後まで立った位置を動かずに相手を倒すことができます。

後書き：合気術を練習する上で重要なこと

これは以前にも述べましたが、非常に重要なことなので改めてここで繰り返します。

まず原理1（無意識動作法）を練習する際に重要なことは、例えば受が捕の手首を掴み、捕が掴まれた腕を動かそうとする場合、受は四六時中ずっと捕の手首を力んで強く押さえ続けてはいけません。受は捕の手首を掴んだ手に力を感じた時にだけ強く握り締めるようにして、普段は普通に軽く握るのです。

こうすることによって、捕は掴まれた手首に力を入れずに腕を動かす方法を容易に会得することができます。そうではなくて受が最初からずっと捕の手首を力強く握り締めたままですと、原理1の動きがなかなか会得できません。

もちろんデモンストレーションなどでは、相手となる人には私の手を最初から力強く握り締めてもらい、それに対して原理1を使ってらくらくと自分の腕を動かします。しかしこうしたことは原理1が確実にできるようになったからそうできるので、ぜんぜんできない人には不可能なことです。

以前、『月刊秘伝』の特集で大東流の佐川幸義先生が、新しく入門してきた弟子が相手の両手首を強く握り締めながら合気上げの稽古をしているのを見て、「あいつは駄目だ、辞めさせなさい」と弟子に指示した話が載せられていました。その人に〝真剣に合気を学ぶ姿勢がない〟と見ての判断であったに違いありません。

もう一つ、原理2（合気接触法）を実現する際に重要なこと、それは受が捕の動きに抵抗も協力もしない自然体でいることです。

原理2の〝合気接触〟というのは、でき初めでは本当に僅かの力しかなく、受が抵抗すると途端に効かなくなってしまいます。ですから受は捕の動きに対して抵抗しないのです。そして重要なことは〝協力をしてはいけない〟ということです。

受が協力して自分から崩れてしまっては、いつまでたっても捕は合気接触を創るコツを会得できません。予め約束どおりに受が捕の崩しに協力して〝投げられてあげる〟練習は、それを何百回と繰り返しても得るものは何もありません。

合気術を練習する際には上記二つの点に留意して行っていただきたいと存じます。

■

レッスン
Lesson 18

応用編「柔術・合気柔術・合気術」

外国人への指導

前レッスンでは通信教育で柔術を指導する際の一般的な難しさについてお話ししましたが、今回は特に日本人以外を対象に指導する場合の難しさについてお話しいたします。

外国人は言葉で説明できないことは基本的に受け付けません。外国人に柔術、あるいは日本武術を指導する際に一番説明するのが難しいのが「残心」です。ですから「残心」を指導する際には、次の2点を相手が十分に納得できるまで説明できなければなりません。

1、それはいったい何か？
2、なぜそれをしなければいけないのか？

日本で武術を習い、自分の国で弟子をとって教えている人たちの中にはこの「残心」を弟子にまったく教えていない、あるいは教えられない人が沢山います。

その例の一つですが、嘗てポーランドで合気道の昇段審査を行う際に、日本から高段者の先生を招いて昇段試験を実施しました。その際に四段の受験者で演技は素晴らしかったのですが「残心」が取れていなかったため、この先生に不合格とされた人がいました。

今はどうか知りませんが、当時のポーランドでは「残心」を教える合気道の道場は一つもなかったのです。おそらく、ポーランド人指導者には前述の二つのポイントをきちんと説明できる人がいなかったのでしょう。そして、その状況に対して重大な警告を与えるために、その日本から来た合気道の先生はわざと不合格を出したのだと推察いたします。

米国人の空手家が書いた本を5年前に翻訳したことがあります。その本『三戦（サンチン）の「なぜ？」』には、この残心の意味について〝脳波のモード〟に基づいて解説した箇所があります。著者は従来の日本的な説明をただ踏襲するのではなく、あくまでも欧米人に納得されやすいように「残心」の意味を工夫して解説していることに驚きました。皆様にもぜひ読んでいただきたい部分です。

Step32 原理1を活用する高度な技——1

本書のレッスンもこれで最後となりました。ここでは、合気術の原理を使う技の中でも高度な技をご紹介します。今までのステップを踏まれてきた方には、もうこれらの高度な技も十分に実現できることと信じております。

両腕取り竜巻投げ

（二人の受（うけ）は、捕（とり）の左右に正立、直対）

受：捕の右手首、左手首をそれぞれ両手で掴む。

捕：掴まれた手首に力を加えずにすーっと両腕を上に

両腕取り竜巻投げ

掴まれた両腕を体の脇に引き寄せ、両手首に力を加えずに両腕を自然に上げます（01 ～ 03）。二人は抵抗できずに崩されるので、頭上で両腕を旋回させて二人を自分の周囲で回します（04）。両者が自分の前に来たら、両手を下げて二人を引き落としつつ、前方へ投げ飛ばします（05 ～ 06）。いかに掴まれた両手首に力を入れずに両腕を持ち上げられるかがポイントです。

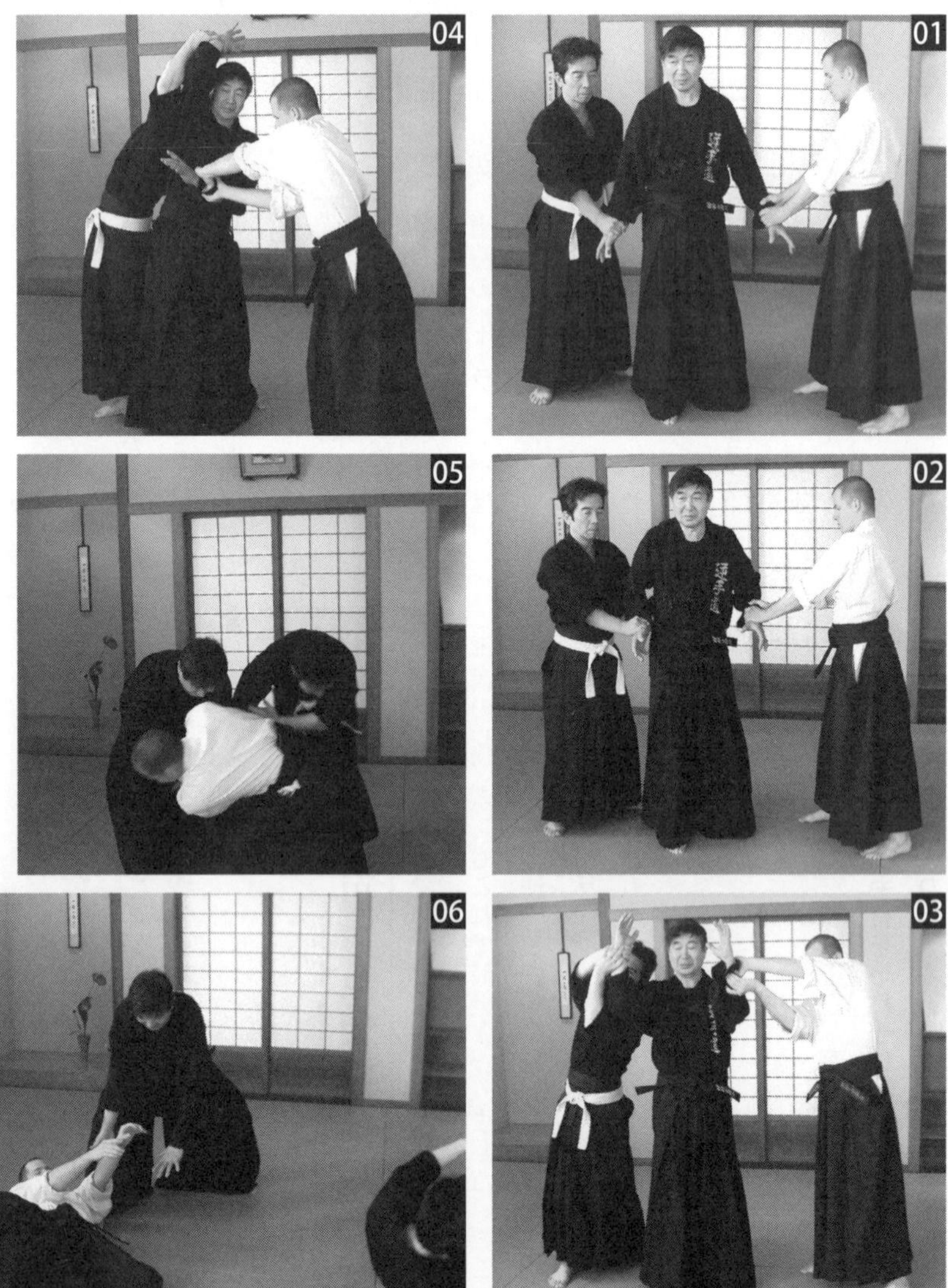

持ち上げる。
受：掴んでいる両手が持ち上げられ、体勢が崩れる。
捕：両腕を頭上で、真上から見て時計回りに回す。
受：捕の両手に引きずられるようにして捕の周囲を旋回する。
捕：二人の受が共に捕の正面まで回ってきた時点で、両腕を下ろして二人を床に倒す。

▼解説

この技は元々逆手道の「流雲竜巻投げ」に合気術を応用したもので、逆手道では取られた両腕を梃子の原理を用いて、肘を支点として前腕と上腕を力で曲げて、受の手を極めます。ここでは合気術で力を使わずに、掴まれた手首を腕ごと持ち上げて受を崩します。

柔術技では両腕を上げる際、肘を支点として梃子の原理で手を持ち上げますが、掴まえたほうが技を分かっている場合、受が腕に力を加える方向を察知しますので、それを妨げるように掴んでいる手に力を込めてきます。そうなるといくら梃子の原理を応用しても掴まれた両腕は持ち上がりません。一方、合気術を使って腕を持ち上げる場合は、同じ合気術を使わない限りは防ぎようがありません。

合気術で両腕を上げる際のノウハウですが、まず上腕を肩と一緒に上に持ち上げる感じで腕を持ち上げます。そうすると捕まえられた手首や前腕に力が作用せずに腕全体が持ち上がります。そうすると両側の二人は崩れ始めますから、腕をそれ以上に上げることが容易となります。逆に前腕や手首から持ち上げようとすれば、腕は動きをブロックされて絶対に持ち上げることができません。

原理1を活用する高度な技——2

両腕取り合気落とし
（受二人、捕の両脇に正立）
受：捕の左右から手首と上腕部を両手で掴む。
捕：両腕を体側面に引き付けて、受二人との一体感を

両腕取り合気落とし

まず、受二人に掴まれた両腕を、体の脇に引き寄せます（01）。そのまま三者が一体となったイメージで、重心を下へ落とします。受二人は抵抗できず一緒に引き落とされます（02～04）。下まで落としたら手首を巻き込んで二人を仰向けに回します（05～06）。そのまま不動で極めます（07）。
両手首を通して、受二人とつながっているイメージを持ち、後は自らの体を重力に任せて落とすことで、受の二人は抵抗できないまま床に転がることとなります。

創る。その一体感を保ちながら、床へ向かって重心を落とす。この際、決して掴まれた両手首に力が加わらないようにする。
受：抵抗できずに捕と一緒に床へ落とされる。
捕：手首を回して受二人を仰向けになるように転がし、二人を仰向けにして不動。

▼解説

この技はいかに掴まれた両手首に力を入れずに、自分の重心を下へ沈められるかがポイントです。掴まれた両手首に少しでも力が入ってしまったら、下へ落ちようとする動きをブロックされてしまい、受の二人を崩すことはできません。受の二人とは両手首でただ繋がっているだけ、そのようなイメージを強く持って、後は自分の体を重力に任せて落とすのです。それだけで受の二人は抵抗できずに転がってくれます。

受二人が床へ落ちたら、手首の回転を使って受を仰向けにひっくり返します。これは一連の動きとして行うので力は要りません。仰向けにした後に、手で受の手と腕を極めて不動状態とします。

柔術、合気柔術と合気術の違い

ここでは同じ技を対象にして柔術、合気柔術、そして合気術の三つの根本的な違いを解説します。

柔術技◎両手捕り小手掛け固め
受：上に上げた捕の両腕を手首で掴む（1）。
捕：両手を面内方向へ鋭く折り、受の両手にストレスを与える（2）。そのまま、両肘を体側面へ引き寄せるようにしながら両腕を下げる。受はたまらず下へ崩される（3）。

▼解説

柔術技のノウハウは掴まれた両腕を引き下ろす際に、腕や手首を下ろすのではなく、両手を十分に曲げて両肘を体に引き付けるように下ろすことにあります。た

両手捕り小手掛け固め
（柔術）

「柔術」の場合、両手首を鋭く折ることで相手の両腕へ圧力をかけることが命です。この時、十分に曲げた肘を「自らの脇へ引き付ける」ように下ろすことで、より強い圧力を与えることができます。（下写真01～02）。

ただ、これにはそれなりの力（筋力）を要します。

だ、そうは言っても強く握られている両腕を下ろすには結構な力を要します。

合気柔術技◎両手捕り小手掛け固め

受：上に上げた捕の両腕を手首で掴む。

捕：両手を面内方向へ小指を回転中心として回転させる（1）。

受：強烈なストレスを手と手首に感じ、たまらずに下へ崩れ落ちる（2）。

▼解説

合気柔術では、小指の先端を中心として手の平を大きく回転させることで相手の手から腕へとストレスを掛けていき、その動作で相手を屈服させます。肘を体の側面に引き寄せるように下げる必要はありません。両手の回転運動だけで相手を屈服させることができます。これに要する力は柔術技の半分以下です。

合気術技◎両手捕り小手掛け固め

（既にレッスン4「ステップ7」で実施済み）

（受（うけ）、捕（とり）共に正立、正対）

捕：開手のまま両腕を真上に上げる。

受：両手で捕の両手首を順で掴む（1）。

捕：掴まれた両手首に力を加えず、そのまま両腕をだらりと下方へ落とす（2）。落とす途中、手が胸の高さくらいまで下りた位置で受の抵抗を感じるが、意識を高めて手首へ力が加わるのを阻止し、そのまま自然に両腕を真下へ下ろしていく（3）。

受：掴んだ両手が下ろされるにしたがってロック状態となり、腕が下へ落ちた段階では体も沈まざるを得ず、完全に不動状態となる（4）。

▼解説

既に解説した通り、合気術技では掴まれた両手首に力を入れずに両手を下げることで、相手を屈服させられます。これに要する力は合気柔術技の1／5、柔術技の1／10程度となります。■

両手捕り小手掛け固め

（合気柔術）

「合気柔術」では、捕まれた手の小指の先端を軸として、手首を大きく回すことによって相手の力を逃がしつつ、下方へ巻き込む操作となります（下写真01～02）。両手の回転運動だけで相手を屈服させることができ、要する力は柔術の半分以下となります。

1

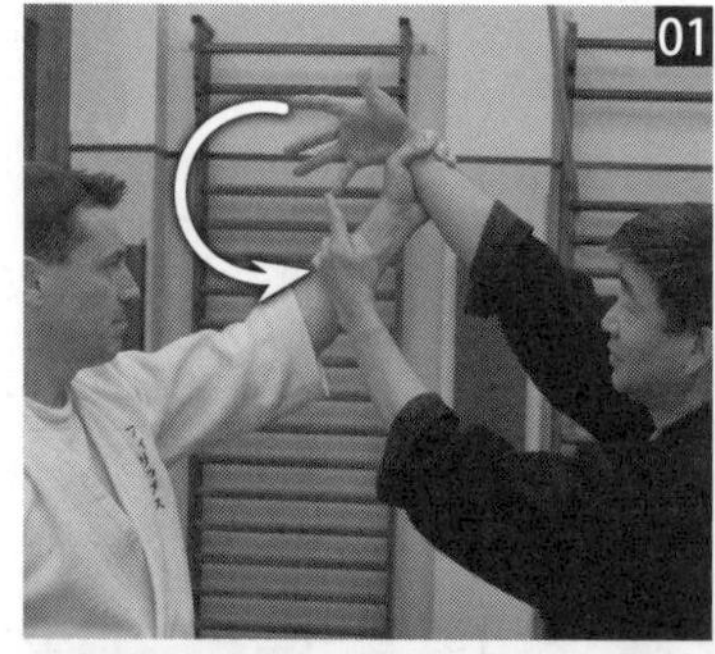

01

2

02

両手捕り小手掛け固め
（合気術）

「合気術」として、ここで示す技法は、既にレッスン４にて解説しています。まず、両手首を掴まえられた状態でも、手首に力を入れずに両腕を軽く下げていきます（1～2）。相手は抵抗できずに体ごと沈んでいきます（3）。さらに両腕を最後まで下ろしきると、相手は両手首を極められて不動状態となります（4）。ここまでで手首へ入れる力は、合気柔術の約１／５、柔術技の１／10程度です。

おわりに

最後に、本書を読んでくださった方々に心から感謝申し上げます。本書でできるようになった合気術が幾つもあったことに、さぞかし驚かれたことと存じます。

最初にも申し上げましたが、合気術の世界は広大で深遠です。この本でご紹介した合気術の技は、まだほんの一部でしかありません。しかし大切なことは、皆さんも合気術の世界に一歩足を踏み入れることができたということです。これ以降は、身近で親切に指導してくださる良い先生を見つけて、さらなる発展をどうか目指していただきたいと切に願います。もう既に合気術ができ始めているのですから、一から始めるよりも上達は遥かに容易なはずです。

また、私のほうでも合気術を通信教育で指導するコースを用意しています。このコースは、通常のペースなら1年間で五つの原理に基づく合気術が習得できるように組まれています。

私自身も、自分のできる領域をこの先まだまだ広げていきたいと思います。幸いにフェイスブックなどを通じて得たご縁で、同じ世界で活躍されている先生方との繋がりもでき始めました。

そのお一人に、氣空術の畑村洋数先生がいます。畑村先生からは「皮膚の遊びをなくす接触を使って合気術を掛ける」という貴重なご示唆をいただきました。従来私が分類していた接触系の合気術を柔らかい接触（ソフトコンタクト）を用いた合気術とすれば、これは硬い接触（ハードコンタクト）による合気術ともいえるもので、今後の私の大切な課題の一つとなります。

合気術をもっと多くの人たちにできるようになってもらいたい、という願いを共有できる貴重な知己を得た幸運に感謝し、同じ目標を持つ先生方とも協力し合いながら、日本が誇る貴重な無形文化財ともいえる合気術を世界的に普及させていきたいと存じます。

※合気術通信教育の参加申し込みは、次のメールアドレスまでご連絡ください。apply@gyakutedo.org

著者◎倉部 誠　Makoto Kurabe

号：至誠堂。大手の自動車メーカーや電機メーカーで技術者として勤務する傍ら、千葉県柏市に伝わる柔術・逆手道の修業に励む。その後オランダに渡り、逆手道の指導を開始。近年、逆手道から独自に「合気術」の術理に気づき、直接あるいはネット通信指導によって画期的な上達法を指導、着実に成果を挙げている。著書・訳書に『できる! 合気術』『三戦の「なぜ?」』『Amazing! The secret of Hakkoryu Jujutsu』『はじめてのバカロレア数学』（いずれもBABジャパン）、『物語 オランダ人』（文藝春秋）など多数。DVDに『これなら出来る　合気の教科書』（BABジャパン）など。

◎合気柔術逆手道　Aiki Jujutsu Gyakute-Do
http://gyakutedo.org/wp/

本文デザイン●和泉仁
装丁デザイン●梅村昇史

◎本書は『月刊秘伝』2015年7月号～2016年12月号に連載された「シリーズ　34のステップで修得する　完全攻略！ 合気術通信講習」をもとに単行本化したものです。

日本になかった超上達システム
合気AIKI速習
筋力を超えた技ができる5つの原理

2017年10月25日　初版第1刷発行

著　者　倉部誠
発行者　東口敏郎
発行所　株式会社BABジャパン
〒151-0073 東京都渋谷区笹塚1-30-11　4・5F
TEL　03-3469-0135　FAX　03-3469-0162
URL　http://www.bab.co.jp/
E-mail　shop@bab.co.jp
郵便振替 00140-7-116767
印刷・製本　中央精版印刷株式会社

ISBN978-4-8142-0089-4 C2075

BOOK Collection

合気の極み
～光の体になると、光の技が使える～

「攻撃の意志を持った相手が、吹っ飛んでしまう!」 合気の源流「大東流合気柔術」。伝説の達人、武田惣角～堀川幸道の神技を受け継ぐ著者が、遂にその境地を著した。一瞬で相手の戦意と身動きを奪う、これぞ日本武道の到達点だ!「無」に達し、筋力を使わない奇跡の武術。目に見える表面的な動きではなく、その本質、境地に迫る!

●錦戸無光 著　●四六判　●208頁　●本体1,400円+税

武田惣角伝
大東流合気武道百十八ヵ条

希代の武道家・武田惣角宗家が伝え、二代目宗家・時宗師が整理した精緻な技法体系のすべてを解説! さらに! 大東流の歴史、稽古・鍛錬法、合気技法の解説、技法体系の分析、古流剣術との技法比較、合気の小太刀(初公開)など、筆者が半世紀に及ぶ修行の中で綴った、貴重な記録、秘伝、研究を公開する、全武道ファン垂涎の決定版!

●石橋義久 著　●B5判　●388頁　●本体2,800円+税

凄い! 八光流柔術
短期修得システムを解明

「〝心的作用〟を使い、指一本で相手を制す!」 心や意識、痛覚など人間の生理構造を巧みにコントロールし、一瞬にして相手を極める絶技の数々。誰でもすぐに身に付けられる、巧妙に体系づけられた護身武術を明らかにする! 筋力には一切頼らない。ほとんど移動することなく瞬間的に極めてしまう、精巧なる技法。すべての武術家が待ち望んだ、八光流の謎を解き明かす書が完成!

●奥山龍峰 著　●A5判　●192頁　●本体1,700円+税

合気道小説　神技 — kami-waza —

パリにある合気道学校では、合気道創始者・植芝盛平の極意技術《神技》の再現するために、神秘と情熱、そして狂気のやどる稽古が行われていた。そこで稽古することになった二人の少年に待ち受ける修行とは? 武道の極意世界に至るまでの過程が、二人の少年の成長、そして感動とサスペンスのあるストーリー展開で描かれた、武道の極意が学べる新感覚武道小説。

●ガディエル・ショア 著/永峯知佐登　●四六判　●384頁
●本体1,600円+税

体の杖イラスト皆伝
(全4巻セット)

漫画家だって武道家だ! 武道家だけど漫画家だ! 漫画家・針すなお氏が描く、全編書き下ろしイラストによる、今までにない武道極意皆伝書。豪華装丁にて、堂々の発刊! 長年にわたる合気道と杖の修行経験を生かし、針師範自らが創始した新武道「体の杖」の技法を網羅した、初の公式完全技法書です。

●針すなお 著　●B5判　●各巻約80頁　●本体5,200円+税